KB081251

약해지지 않는 마음

더 강한 나를 만드는 마음 혁명

약해지지 않는 마음

고코로야 진노스케 지음 | **이진원** 옮김
박용철 감수 및 추천

유노
북스

정신과 전문의도
따라 하고 싶은
간단하지만 효과적인
조언들

박용철(정신과 전문의)

나는 환자에게 뻔한 이야기 하는 것을 싫어한다. 여기서 뻔한 이야기란 인터넷을 조금만 뒤져 보면 알 수 있는 심리 이야기, 긍정 이야기들이다.

'자신이 정말로 원하는 걸 하세요.'
'스스로가 즐거운 일을 지금이라도 찾으세요.'
'긍정적인 것부터 생각하세요.'
'다른 사람에게 칭찬의 말을 해 주세요.'
'타인을 바꾸려고 하지 말고, 스스로를 먼저 바꾸세요.'

이런 말들은 누구나 어렴풋이 알고 있는 것들이라 환자에게

군이 다시 해 줄 필요도 없고, 벌써 해 본 것들이라 효과도 없을 거라 생각했다. 그리고 '뭔가 참신하고 새로운 방법을 알려 줘야 할 텐데… 좀 더 깊은 무의식 이야기를 해 줘야 하는데…' 하고 고민했다.

어떤 분에게는 좀 더 깊은 이야기가 정말 큰 도움을 줄 수 있다. 그동안 알지 못했던 것을 알게 됐다며 연신 고마워하기도 한다. 하지만 다 그런 것은 아니다. 내가 해 주는 이야기가 새롭고 깊이가 있지만 오히려 어렵다거나 가슴에 와닿지 않는다는 분도 많다. 그런 분 중에는 다음에 병원에 다시 오지 않는 경우도 적지 않다. 나는 결국 환자들에게 해 주는 이야기는 어느 정도 뻔할 수밖에 없으며, 중요한 것은 그 이야기를 환자가 얼마나 진심으로 느끼게 하고, 또 따라 하고 싶게 만드는지가 중요하다는 사실을 깨달았다.

선배 중에 전국에서 환자가 찾아오는 분이 계신다. 소위 정신과 명의라고 불리는 분으로, 연륜이 깊고 정말 노련하시다. 나는 정신과를 전공하던 시절부터 그분을 뵈었는데, 시간이 날 때마다 봉사 활동을 하고 평소 생활도 항상 모범적으로 유지하신다. 정말이지 인격적으로 존경하지 않을 수 없는 분이다.

한 가지 늘 궁금했던 것은 그 선배는 환자를 어떻게 대할까 하는 것이었다. 도대체 어떤 이야기를 해 주기에 환자들이 그렇게 모이고 증상도 좋아지는지 궁금했다. 그러던 중 한 모임에서 선배를 만날 기회가 있어서 진지하게 여쭤 보았다. 그런데 정작 선배님의 대답을 듣고 나서 난 실망하고 말았다. 가벼운 심리학 입문서만 읽어도 누구나 알 수 있을 법한 진부하고 뻔한 이야기였기 때문이다.

하지만 이상했다. 별로 깊이가 없어 보이는 이야기였는데, 그 선배에게 듣고 있으니 어느덧 묘하게 마음을 움직이는 힘이 느껴졌다. 나부터 선배의 말대로 해 봐야겠다는 생각이 들었다. 그때서야 알았다. 중요한 것은 단순하고 가벼워 보이는 것 안에도 있다. 그것을 어떻게 전달하느냐가 핵심이다!

가령 '감사하며 살면 행복해진다'는 단순한 말도 누구에게 듣느냐에 따라서 감동의 깊이가 다르다. 나보다는 선배가 이야기했을 때 환자들은 더 감동했으며 그대로 따라 하려고 노력했던 것이다. 그 차이가 뭘까? 그것은 진정성의 유무라 말하고 싶다.

환자에게 이런저런 이야기를 할 때, 직접 경험해서 효과를 확인한 것을 전달할 때와 그저 책에서 읽고 배운 것을 전달할 때는 뭔가 큰 차이가 있다는 것을 느낀다. 그 이유를 정확히 표현할 수는 없지만, 진정성이라고 부르면 적당하지 않을까? '아, 가볍게 하는 말이 아니구나', '본인이 힘들 때 직접 체험한 이야기를 하고 있구나' 하는 느낌 말이다.

의사로서 병원 운영으로 성공한 선배들을 많이 봐왔다. 단기간에 굉장히 성공했지만 그 이후에는 별다른 성과가 없던 분들도 있고, 단기간 성과는 크지 않으나 꾸준하게 성장해 가시는 분들도 있다.

그 차이는 자신이 세운 원칙을 꾸준히 지켜 가는 것에 있었다. 롱런하지 못하는 분들도 나름 훌륭한 원칙이 있으니 잠깐이나마 큰 성과를 냈겠지만 그 원칙을 오래 유지하지 못했고 점차 약해져 갔다. 그분들의 원칙에는 문제점이 있었다. 단순하지 않고 복잡하다는 것이다. 또한 구체적이지 않고 추상적이었다. 나는 그걸 보면서 꾸준히 노력하는 것만큼이나 단순하고 명확한 원칙이 필요함을 이해했다.

진정성 있는 원칙. 이러한 면에서《약해지지 않는 마음》이 재발간된 것은 나에게도 기쁜 일이다. '단순하고 쉽게 이해되는 책, 일상에서도 따라 할 수 있는 구체적 방법들이 제시된 책을 만들자'는 유노북스의 방향성과 원칙이 가장 잘 담긴 책이다.

한순간이 아닌 오랜 기간 단단하고 약해지지 않는 마음을 갖고 싶다면 첫 원칙을 잘 정해야 한다. 쉽고 단순한 내용과 함께 구체적인 방법까지 담은 이 책은 여러분에게 그런 원칙을 진정성 있게 알려 줄 것이다.

혹자는 이 책의 차례를 보면 언뜻 실망할 수도 있을 것이다. 너무나 당연해 보이는 이야기도 있고, 어디선가 들어 본 것 같은 이야기도 있고, 누구나 알고 있을 것 같은 이야기도 있기 때문이다. 내가 처음 선배의 노하우를 듣고 느낀 느낌이랄까? 하지만 책을 읽고 나면 저자의 진정성을 느낄 수 있다. 같은 말이라도 그가 하면 믿음이 간다. 그것은 저자 고코로야 진노스케의 특이한 이력 때문이다.

고코로야 진노스케는 운송 관련 대기업에서 그 누구보다 열심히 일하며 살았다. 그리고 많은 사람이 그렇듯 지쳐 갔고, 지친 마음을 치유하고자 심리학을 공부했다. 그 계기로 뒤늦게 자신이 하고 싶은 일을 찾아 심리 상담사가 되었다.

그는 이 책에 스스로 경험하고 체험한 이야기들을 담았다. 그래서 그가 하는 한마디 한마디는 힘이 있다. 마음이 점점 지치고 마모되어 갈 때, 약해지지 않는 마음을 만들기 위해 그가 어떤 노력을 했는지 들려준다. 자신이 어떻게 했었는지, 어떤 면이 문제가 있었는지, 어떤 해결책을 찾았는지 등을 담담하게 이야기한다. 이 책에는 진노스케라는 개인의 마음고생을 들여다보는 진솔함이 있다. 그리고 그가 겪은 어려움들은 누구나 하나씩은 가지고 있을 만한, 우리의 것들이다.

'어떤 일을 할 것인가?'

'회사에서 사람들과 어떻게 지낼 것인가?'

'싫은 사람을 대할 때 어떻게 해야 하는가?'

현실적인 질문에 대한 자신의 체험을 알려 준다. 나는 이 점이 매우 중요하다고 본다. 내 선배가 스스로 체험한 이야기를 해 줄 때 환자들이 치유된 것처럼 말이다.

개인적으로 가장 좋았던 부분은 6장 '어떻게 지금 바로 상황을 바꿀까?'다. 6장은 정신과 의사인 나에게도 큰 도움이 될 듯하다. 단순하지만, 저자가 체험을 통해 알아낸 기적적인 말들은 생각보다 훨씬 큰 힘을 발휘해 줄 것이다. 특히나 "아 그렇군요"는 정신과 의사들이 참 자주 사용하는 말이기도 하다. 정신과 의사의 영업 비밀인 이 말을 추임새처럼 자꾸만 사용해 보시라. 많은 것이 변화됨을 느낄 수 있을 것이다.

이처럼 이 책은 가볍고 쉬우면서도 강력한 효과를 발휘한다. 혹시 어떤 이유로 마음에 상처를 받았다면, 누구보다 열심히 살지만 쉽게 지치는 성격이라면, 이 책이 도움을 줄 것이다. 좀처럼 약해지지 않는 마음을 만들어 줄 것이다.

전쟁터 같은
현실을
꿈의 실현장으로
만드는 법

이진원(번역가)

심리 상담에 심취해 일부러 심리 상담 과정을 공부하기도 했던 한 사람으로서 이 책을 번역하는 동안 다시 한번 힐링하는 기회를 가질 수 있었다. 저자가 말하는 모든 상황과 지적이 내 이야기 같아 마음이 불편하고 아팠지만, 번역을 마무리할 즈음에는 마음의 키가 훌쩍 커 있는 느낌을 받았을 정도다.

일본에서 저명한 심리 상담사로 활동하고 있는 저자는 자신의 경험을 바탕으로 늘 초조하고 긴장된 환경에서 자신의 감정과 마음을 소진하며 힘겨워하는 현대인을 위해 마음이 쉽게 약해지는 원인과 개선 방법을 조목조목 소개한다. 그 조언들이 얼마나 구체적인지, 번역하는 동안 어느새 그가 제시하는 기적의 말과 실천 방법을 따라 하고 있는 내 모습에 놀랐다.

특히 상처받은 내면 아이의 눈으로 바라보던 세상을 객관적인 현재의 시각으로 바라보려 노력하면서 '실수해도 괜찮아', '뭐 어때' 등의 말들을 해 보았다. 처음에는 쉽지 않았다. 싫어하는 사람, 불편한 사람을 부정하지 않고 받아들이기가 그리 쉬울 리 없었다. 또 나의 잣대와 맞지 않는 상대의 행동을 용인하기도 결코 만만하지 않았다. 하지만 저자가 안내하는 대로 한 번 또 한 번 해 보니 조금씩 마음이 가벼워졌고, 어느 순간 그토록 받아들이기 힘든 사람의 행동도 이해할 수 있게 되었다.

책 속에는 지금이라도 당장 해 보면 좋을 조언들이 가득하지만, 그중에서도 특히 꿈에 대해 한 말이 인상에 깊이 남는다. 저자는 말한다. 꿈을 찾아 헤매는 사람 중에는 이미 꿈을 마주한 적이 있었음에도 그것을 외면하고 지나쳐 버리고는 다른 곳에서 꿈을 찾으며 현실에 안주하고 있는 사람이 있다고.

그렇다. 이 책이 무엇보다 소중한 것은 바로 자신의 꿈을 찾아 나서게 한다는 점일 것이다. 남들의 잣대에 끼워 맞추려 애쓰는 자신, 어린 시절 트라우마에 갇혀 성장이 멈춰 버린 자신을 버리고, 진정한 자신의 정체성을 만나게 한다. 그리고 언젠가 자신도 모르게 외면해 버렸던 꿈을 찾아 나설 용기를 북돋는다.

직장인의 애환을 현실적으로 그려 인기를 끈 TV 드라마 〈미생〉에 이런 대사가 나온다.

"직장은 전쟁터지만 그 밖을 나가면 지옥이다. 절대 나오지 말라."

말 그대로 전쟁터 아니면 지옥에서 살아가고 있는 현대인의 마음은 이미 메마르고 바닥이 나 있을지 모른다. 그러나 이 책을 읽고 더 강한 마음을 지니게 된다면 현실이 더 이상 전쟁터와 지옥만은 아닐 것이다. 오히려 자신의 꿈을 실현하고 사랑하는 사람과 어울려 살아가는 자신의 삶의 터전임을 깨닫게 될 것이다.

약해지지 않는
강한 마음을
만들어드립니다

안녕하십니까?

나는 심리 상담사 고코로야 진노스케입니다. 이 책에 관심을 가져 주신 모든 분께 감사의 말씀을 드립니다.

나는 일본 도쿄와 교토를 중심으로 한 지역에서 심리 상담과 심리학 세미나를 주재하고 있습니다. 이 일을 해 오면서 감정과 정신이 고갈된 사람이 의외로 많다는 생각을 자주 하게 되었습니다. 그런 사람들을 자세히 관찰해 보면 자신의 마음을 소모시키며 일하는 것을 알 수 있습니다. 그러다가 마음의 바닥까지 완전히 드러나고 나서야 정신을 차리지만, 이미 그때는 아무것도 남지 않았다는 것을 발견하게 될 뿐입니다.

정신도 감정도 모두 소모해 버려서 고갈되면, 즉 마음이 약해져 있을 때 흔히 머릿속에 무슨 생각이 떠오를까요?

바로 '내가 이걸 어떻게 했는데…', '내가 얼마나 노력했는데…'라는 생각일 것입니다.

"나는 나대로 노력했는데 그만한 평가를 받지 못했어요."
"나는 이렇게까지 했는데 기뻐해 주지 않아요."
"나는 몸이 부서져라 일하는데 편하게 대충 일하는 사람이 있어요."
"나는 이를 악물고 참고 있는데 아무도 알아주지 않아요."

자기 마음을 돌보지 않고 무작정 내달리는 사람들은 '~했는데'라는 말을 곧잘 내뱉습니다. 그러면서 이들은 허무와 공허함을 느낍니다. 이런 심정으로 일을 하다 보면 어느 순간 마음이 고갈되는 건 시간문제일 것입니다.

말은 이렇게 하고 있지만, 사실 나 역시도 과거에는 별반 다를 것 없었습니다. 바로 직장 일에 외곬으로 매진했던 사람 중 하나입니다.

심리 상담사가 되기 전에 나는 운송 관련 대기업에서 20년 가까이 직장 생활을 했습니다. 그러다가 나이 40대에 들어서 심리 상담사로 독립했습니다. 탈월급쟁이 심리 상담사인 셈입니다.

당시 나는 직장 생활을 하면서 많은 일을 혼자 도맡아 처리했습니다. 말 그대로 제 살을 깎아 먹으며 일했습니다. 숫자에 대한 집착이 심했고, 성과를 내기 위한 노력을 지나치게 했습니다. 당연히 늘 피로감을 떨치지 못했고, 인간관계로 애도 많이 먹었습니다.

이런 경험이 있기 때문에 자기 마음을 소모시켜 가면서까지 일하는 사람의 기분을 누구보다 잘 알고 있습니다.

생각하건대, 마음이 금방 약해지는 사람은 타인을 우선한 나머지 자신을 희생하는 경향이 강합니다.

이처럼 마음이 쉽게 약해지는 사람은 누군가를 위해, 주변을 위해 '이 일을 꼭 해야만 해!'라고 생각하며 제 살을 깎아 먹습니다. 지나치게 남을 배려하며 자신의 신경을 소모시키기도 합니다.

한마디로 마음이 쉽게 약해지는 사람은 노력가이자 배려심이 많은 사람인 경우가 많습니다. 하지만 그 결과, 스스로 지쳐 가서 결국에는 일어설 수조차 없게 됩니다. 너무나 가슴 아픈 현실이지요.

직장인을 두고 이야기할 때 자주 쓰는 표현 중에 '조직의 톱니바퀴'라는 말이 있습니다. 톱니바퀴는 많이 사용할수록 점점 마모되고 닳습니다. 그러다 결국 맞물림이 나빠지고 기계가 잘 돌아가지 않게 되지요. 그 상태로는 무슨 사고든 일어날 수밖에 없을 것입니다. 다시 말해 톱니바퀴가 쓸모없어지는 것입니다.

인간의 마음도 톱니바퀴와 비슷하지 않을까요?

자신도 모르는 사이에 마음이 거의 고갈되어 버렸다는 것을 깨달았다면, 완전히 바닥을 드러내기 전에 휴식을 취하고 수선해야 합니다. 톱니바퀴를 수선하듯이 말입니다.

가장 좋은 것은 약해지지 않는 강한 마음을 갖추는 것입니다. 그러면 일상이 기분 좋게 돌아가기 시작하고, 하는 일도 순조롭게 풀립니다. 또 주변 사람과 협력하여 일하는 것이 즐거워집니다.

더구나 약해지지 않는 마음을 만드는 것은 그리 어렵지도 않습니다. 아니, 매우 간단합니다. 필요한 것은 한 가지 요령뿐입니다.

무엇보다 자신의 마음이 약해져 소모될 수 있다는 사실을 깨달아야 합니다. 일상에서 마음이 소모되지 않는 구조를 갖추어야 하고, 만약 소모되었다면 다시 채워 나가는 세심한 작업을 해야 합니다. 이 책에서 그 방법을 소개하고자 합니다.

많은 사람이 수익을 올려야 하는 압박을 받으며 많은 일을 해내고 있습니다. 복잡한 인간관계를 헤쳐 나가고, 넘쳐 나는 정보의 홍수 속에서 '빨리, 빨리!'만 독촉하는 조직 문화에서 힘겹게 일하고 있습니다. 이런 식으로 일하면 정신과 마음이 약해져 고갈되는 것을 막을 수 없습니다.

이런 세상에서 지나치게 노력만 하다가 지쳐 가는 사람들, 정신과 마음이 마모되어 삐걱거리는 사람들, 그리고 지금이라도 막 쓰러질 것만 같은 사람들을 위해 이 책을 썼습니다.

노력형에다가 배려심이 많아 지나치게 주변을 신경 쓴 나머지 자신의 몸과 마음을 갉아먹으며 일하고 있는 여러분이 이 책의 주인공입니다.

열심히 그리고 주위를 배려하면서도 자신을 희생하지 않고 편하고 즐겁게 일할 수 있습니다. 여러분 한 명 한 명이 이 책을 통해 약해지지 않는 강한 마음을 기르고 즐겁게 일할 수 있는 계기를 마련한다면 더없이 기쁠 것입니다.

· 차례

1장. 내 마음은 왜 쉽게 지칠까?

내가 하고 싶은 일을 찾는 법

2장. 나는 왜 사람들 대하기가 힘들까?

인간관계가 편안해지는 법

3장. 나는 왜 자꾸만 화가 날까?
내 감정을 소모하지 않는 법

4장. 내 성격은 왜 이 모양 이 꼴일까?
마모된 자존감을 회복하는 법

5장. 나는 왜 무엇을 해도 잘 안될까?
깊은 좌절감에서 벗어나는 법

6장. 어떻게 지금 바로 상황을 바꿀까?
내 삶에 변화를 일으키는 법

7장. 어떻게 지치지 않고 행복하게 살까?
언제나 빛나게 살아가는 법

마치며

내 마음은
왜
쉽게 지칠까?

내가 하고 싶은 일을 찾는 법

'마음이 약해진다'는 것은 어떤 의미일까요?

매일을 즐겁고 활기차게 살아가는 사람.

매일을 고통스럽게 마음을 소모시키며 살아가는 사람.

같은 상황에서도, 같은 직장을 다녀도 차이가 나는 이유는 무엇일까요?

1장에서는 왜 자꾸만 마음이 약해지고 소모되는지 알아보겠습니다.

내가 하고 싶은 일이
무엇인지
알고는 있나?

심리 상담사로 활동하기 시작하면서 알게 된 사실이 있습니다. 바로 너무나 많은 사람이 자신이 무엇을 하고 싶은지 잘 모른다는 것입니다.

"모처럼 쉬는 날에 하고 싶은 일을 하겠다고 생각하지만, 정작 무엇을 해야 할지는 잘 모르겠어요."

"하고 싶은 대로 하라는 말을 들으면 뭘 해야 할지 몰라서 당황스럽습니다."

"지금 하고 있는 일을 좋아하는지 어떤지 잘 모르겠어요."

"식당에 가면 좋아하는 음식을 먹으라고 하는데, 도무지 먹고 싶은 음식이 떠오르지 않아요."

이처럼 자신이 '하고 싶은 일'을 모르는 사람이 주변에 많습니다.

열심히 살았더니
오히려 나를 잃었다?

이렇게 말하는 나도 심리 상담사가 되기 전, 운송업 관련 기업에 근무했던 시절에는 하고 싶은 일이 무엇인지 몰랐습니다. 지각 한 번 한 적 없고, 결근 한 번 한 적 없었습니다. 완전히 워커홀릭이었습니다.

그 당시 무작정 열심히 일하기만 했을 때는 정작 '내가 하고 싶은 일이 무엇일까' 하는 생각 따위는 해 본 적도 없었고, 사실 그런 게 뚜렷하게 있지도 않았습니다.

아마도 하고 싶은 일이 있지만 꾹 참고 열심히 일했던 것이 아니라 간절히 하고 싶은 일이 달리 없다는 사실을 인정하고 싶지 않아서 눈앞에 있는 일에 더욱더 매달렸다는 표현이 옳을지도 모르겠습니다.

지각이나 결근 한 번 하지 않고 성실하게 일했으니 당연히 그 덕분에 얻은 것도 많았습니다. 하지만 바꿔 말하면 자신이 하고 싶은 일은 전혀 하지 못하고 지내 온 세월이 되는 셈입니다.

이런 태도는 언제부터 만들어졌을까요? 어쩌면 어릴 적부터 부모님과 주변 사람들에게, 그리고 학교에서 '해야만 한다' 혹은 '하지 않으면 안 된다' 하는 식으로 계속 교육받고 억압받는 사이에 나도 모르게 하고 싶은 일을 포기해 버리게 되었는지도 모릅니다.

자신이 정말로 하고 싶은 일이나 좋아하는 일을 반복해서 참기만 하다 보니 자신의 기분이나 욕망을 억제하는 버릇이 들어 버린 것입니다. 결국 우리는 모두 자신의 마음을 억제하는 버릇이 생긴 줄도 모르고 '하지 않으면 안 되는 일', '해야만 하는 일'에만 열심이었던 것이지요.

즉 자신의 마음을 소모시키는 사람은 '하고 싶은 일'보다는 '해야만 하는 일'을 우선시하는 사람이라고 표현하는 편이 보다 정확할 것입니다. 그들은 대체로 노력형인 탓에 '하지 않으면 안 되는 일'도 열심히 합니다.

마음을 소모시키는 사람의 특징 중 또 하나는 자신이 하고 싶은 일보다 타인이나 주변 사람이 '하고 싶어 하는 일'과 '해야 하는 일'을 우선시하는 사람이기도 합니다. 그들은 이렇게 주변이나 타인을 우선한 결과 자신을 소모하게 됩니다.

　그들은 마음이 완전히 소모되고 약해지고 나서야 가까스로 정신을 차리지만, 때는 이미 늦었습니다. 벌써 지쳐 버렸거나, 심한 경우에는 재기할 수조차 없는 상태가 되었으니까요. 따라서 더 이상 손쓸 수조차 없는 상태가 되기 전에 웬만해서는 약해지지 않는 건강한 마음을 만드는 습관을 길러 둘 필요가 있습니다. 그러면 자신의 일을 좀 더 편하게 할 수 있을 것입니다.

지금 하는 일이 아니라면 나는 무엇을 하고 싶은가?

앞에서 이야기했듯이 나는 회사원 시절, 혼자서 많은 일을 도맡아 하느라 늘 바쁘고 힘이 들었습니다. 하지만 그러면서도 한편으로는 이 모든 일을 잘 해내고 있다는 자신감도 있었습니다. 책상 위에는 항상 여러 업무와 관련된 서류가 가득 쌓여 있었고, 어느 면에서 보면 바쁜 현실을 즐기기까지 하고 있는 듯했습니다.

그러던 어느 날이었습니다. 나는 동료에게 이런 불평의 말을 늘어놓았습니다.

"이대로는 도저히 안 되겠어. 이렇게 바빠서야 정작 내가 하고 싶은 일을 할 수가 없잖아. 이 일도, 저 일도, 모두 내가 해야 할 일들뿐이야. 왜 나에게만 일이 몰리는 거지?"

동료는 나의 말을 듣더니 잠시 잠자코 있다가 이렇게 물었습니다.

"그래? 그러면 만일 지금 하고 있는 일을 하지 않아도 된다면, 자네는 무슨 일을 할 거야? 이 일 말고 자네가 정말 하고 싶은 일은 뭔데?"

그의 질문을 받고 한동안 나는 아무 말도 못하고 그대로 굳어 버렸습니다.

그렇습니다. 항상 바쁘게 일에 쫓기며 살다 보니 정작 내가 무엇을 하고 싶은지는 까맣게 잊고 있었던 것입니다. 그때서야 비로소 본질적인 질문을 깨달을 수 있었습니다.

'나는 무엇을 하고 싶었을까?'

'나는 어디를 향해 가고 싶었을까?'

더 늦기 전에
들여다보아야 할 내 마음

회사원으로서 열심히 일하던 시절의 나는 타인과 상사의 기대에 부응하려고 부단히도 애썼습니다. 어느 때는 타인이 져야 할 무거운 짐까지 내 어깨에 산처럼 짊어지고 달려야 했습니다.

그렇게 필사적으로 달리고 있으면 "대단한데", "정말 열심히 하는군" 같은 말을 들을 수 있었습니다. 그리고는 "그럼, 다음에는 이것도"라는 부탁의 말이 항상 따라붙었지요. 그러면 또 그 짐까지 짊어지고 달렸습니다.

이렇게 다른 사람의 몫까지 떠안고 달리면 주위에선 매우 기뻐해 주었습니다. 그러면 나도 기분이 좋았고, 타인에게 도움이 되는 나 자신이 자랑스러웠습니다. 심지어 안 해도 되는 서비스까지 할 정도였죠. "그럼, 하는 김에 이것도 맡아 줄까?" 하고 말입니다.

그런 내 모습을 보면서 주변 사람은 여유롭게 앉아서 응원해 주었습니다. 열심히 손뼉을 치면서 말입니다.

나는 항상 필사적으로 달렸고, 멈춰 설 때면 자신에게 화를 내거나 '좀 더 힘낼 수 있을 거야' 하고 응원했습니다. '힘내! 해낼 수 있어!'라고요.

그러다 문득 깨달았습니다.

'나는 왜 달리고 있는 것일까?'

이것을 깨닫게 해 준 것이 바로 동료의 질문이었습니다.

나는 '하고 싶은 일'이 없는 채로 주변 사람을 위해, 타인을 위해 계속 달렸던 것입니다. 하고 싶은 일보다 해야만 하는 일에 쫓겨 사는 동안 나의 마음은 어느 틈엔가 완전히 고갈되어 있었습니다.

지쳐 있다고 느껴진다면, 지나치게 바쁘게 살고 있다고 느껴진다면, 내가 톱니바퀴의 일부가 된 기분이 든다면, 스스로에게 다음 질문을 던져 보세요.

'내가 정말 하고 싶은 일은 무엇일까?'

이것이 얼마나 두려운 질문일지 나는 잘 알고 있습니다.

그러나 자기 안의 '하고 싶다', '좋다'는 기분을 좀 더 소중히
여길 줄 알아야 합니다.

정말 하고 싶었지만 결국 포기해 버린 일이 있나?

지금 하고 있는 일이 고달프면 고달플수록 '천직'이란 단어가 무척 매력적으로 들릴 것입니다. 그러면서 천직을 찾아서 일하는 사람은 틀림없이 행복할 것이라 생각합니다. 왜냐하면 자기가 좋아하는 일, 하고 싶은 일을 직업으로 삼아 하고 있으니까요. 그런데 현실은 그렇게 단순하지 않습니다.

사실 천직을 찾아다니는 사람은 평생 천직을 만나지 못할 가능성이 큽니다. 심술을 부리려고 하는 말이 절대 아닙니다. 왜 천직을 찾을 수 없을까요?

이유는 간단합니다. 제멋대로 포기해 버리기 때문입니다. 한 번 해 보고 잘 안되면 '원래 하고 싶은 일이 아니었어'라거나 '오히려 싫어하는걸'이라면서 마치 처음부터 좋아하지 않았던 것처럼 자신의 감정을 왜곡하여 멋대로 포기합니다. 예를 들어 보죠.

고기를 좋아하는 사람이 있습니다. 지금 그는 고기가 무척 먹고 싶습니다. 그런데 값이 너무 비싸 사 먹을 엄두가 나지 않습니다. 주머니 사정이 허락하지 않은 탓에 결국 포기해 버립니다. 그러고는 '중식, 한식, 일식, 이탈리아 음식, 인도 요리 중 무엇을 먹을까?' 하면서 원래는 좋아하지도 않은 메뉴 중에서 선택하려 합니다.

이제 그에게 새삼 "고기를 좋아하나요?"라고 물어보면 그는 "아니, 전혀요"라고 답합니다. "고기 따위 먹어 봐야 뭐 하겠어요"나 "고기는 서양 사람들에게나 주식이 아닌가요?"라는 말까지 합니다.

천직을 찾아 헤매는 사람들도 이와 마찬가지라 할 수 있습니다. 정말로 좋아하지도 않는 직업 중에서 찾으려 하기 때문에

간절함이 부족합니다. 결국 하고 싶지 않은 현재의 일을 계속
할 수밖에 없는 것입니다.

포기했던 일들 중에
천직이 있다

정말로 좋아하는 것은 찾지 않아도 알 수 있습니다. 왜냐하
면 좋아하기 때문입니다. 좋아하니까 항상 생각하고, 항상 신
경을 쓰게 마련입니다.

'고기를 먹고 싶었지만 포기'한 사람도 거리에 나서면 고깃집
간판이 저절로 눈에 들어오고 계속해서 신경이 쓰입니다. 하
지만 이내 포기하고 말지요.

그러면 어떻게 해야 할까요? 나의 천직을 발견하려면 진지
한 자세로 자기 자신과 마주해야 합니다. 할 수 없을 것 같아
포기해 버린 자신을 직시할 필요가 있습니다.

무리라고 생각했던 일, 포기했던 일 중에 '정말로 하고 싶은
일'이 있다는 사실을 받아들이세요. 그리고 다시 한번 그것들
중에서 찾는다면 지금까지 찾지 못한 천직을 발견할 수 있을
지 모릅니다.

누가 내게
상식과 잣대를
들이미나?

전날 과음을 하면 다음 날 아침에 일어나려 해도 좀처럼 몸이 말을 듣지 않기 마련입니다. 그러던 중 하루는 '그래도 일어나야겠지!' 하면서 몸을 일으키다가 문득 이런 생각이 들었습니다.

'아침이 되면 아무리 졸려도 억지로 일어나는 것은 인간뿐이다.'

고양이, 개, 새, 말, 소 등 동물은 모두 일어나고 싶을 때 일어납니다. 물론 자명종 따위는 필요하지 않습니다. 그런데 인간은 일어나고 싶지 않아도 일어나야 합니다. 게다가 아침밥까지 억지로 먹어야 합니다. 오늘 아침은 밥 생각이 없다고 말해도 아침밥을 든든히 먹지 않으면 안 된다고 합니다. 배가 고프지 않아도 시간이 되면 밥을 먹는 것도 인간뿐입니다. 다른 생물은 배가 고파야 밥을 먹는데 말입니다.

이런 행동을 반복하다 보면 어느새 '아침에는 일어나야 한다', '아침밥은 꼭 먹는 것이 좋다'고 믿기 시작합니다. 더 나아가 '이렇게 살아야 한다', '이렇게 하지 않으면 살아갈 수 없다', '이렇게 사는 것이 옳다' 등등 단지 아침밥 먹는 문제나 기상 시간에 그치지 않고 다양한 상황에서 특정 잣대가 만들어지기 시작합니다.

꼭 참지 않아도
노력하지 않아도 괜찮다

물론 나도 그랬습니다. 직장 생활을 할 때, 아침 일찍 일어나 정시에 출근했습니다. 그리고 이른 시간에 회사에 도착하면 아침밥을 먹거나 손톱을 자르거나 커피를 마셨습니다. 이메일을 체크하거나 잡담도 나누었지요. 정작 일은 시작도 하지 않고 말입니다. 하지만 정시를 넘기면 지각이라 하여 벌점이 주어졌습니다.

일반적으로 사람들은 이렇게 말하곤 합니다.

"고생스러워도 참고 일하지 않으면 먹고살 수 없어."
"바르게 생활하지 않으면 사회생활에 적응할 수 없어."

오직 인간만이 이렇게 생각합니다. 인간 이외의 동물은 이런 것을 일일이 지키지 않아도 아주 행복하게 살고 있습니다.

동물은 하고 싶은 것만 하고도 먹고살 수 있습니다. 하고 싶지 않은 일은 하지 않습니다. 먹고 싶을 때 먹이를 먹습니다. 덧붙이자면 우리 집 고양이는 하는 일이라고는 잠자는 것밖에 없지만 사랑을 받으며 자유롭게 먹이를 먹습니다.

이런 의문이 들지 않습니까?

'왜 인간은 그렇게 하면 안 되는가?'
'왜 꼭 제때에 먹어야 하고, 참아야 하며, 노력해야 하는가?'

지금의 나는 '하고 싶은 일'을 하며 살고 있습니다. 내가 하고 있는 일과 관련된 공부도 '하고 싶어서', '즐겁기 때문에' 하고 있습니다. 아침에도 일어나고 싶은 시간에 일어납니다. 하고 싶은 일이 있을 때는 일찍 일어나기도 합니다. 그래도 먹고 살 수 있습니다. 지금은 일주일에 3일 정도만 일합니다. 그래도 먹고살 수 있습니다.

참지 않아도, 노력하지 않아도 먹고살 수 있으며, 의외로 행복해질 수 있습니다. 과거에는 생각하지도 못했던 일이지요.

○ 마음이 쉽게 약해지는 사람은 자신이 '좋아하는 일'이나 '하고 싶은 일'을 잘 모르는 사람, 그리고 자신보다 타인을 지나치게 우선하는 사람이다.

○ 마음이 쉽게 약해지는 사람은 '하고 싶은 일'이나 '진짜 좋아하는 일'을 깨닫고 조금씩 계속 해 나가는 것이 중요하다.

○ 지금 '하고 싶은 일'이 보이지 않을 수도 있다. 그렇다면 과거의 경험이나 현재의 기분, 상황을 토대로 포기한 것 중에서 찾아보자.

○ '이것이 옳다', '꼭 해야 한다'는 일반적인 상식과 잣대에 너무 구애받지 마라. 자신의 감정을 소중히 하라.

2장
———

나는 왜
사람들 대하기가
힘들까?

인간관계가 편안해지는 법

마음이 쉽게 소모되는 사람은

타인을 배려할 줄 아는 사람이기도 합니다.

그런 사람은 직장에서 분위기를 읽거나

순조로운 인간관계를 유지하기 위해 마음을 쓰고는 합니다.

타인을 존중하고 주변 사람을 소중히 여기지요.

반면 가장 중요한 자신은 잊어버리는 경향이 있습니다.

그래서 자신의 기분을 표현하는 데는 소홀해집니다.

그러는 사이, 착각과 오해가 쌓여 인간관계가 악화되어 갑니다.

그 결과 마음이 소모되어 버립니다. 약해져 버립니다.

당신은 좀 더 자신의 기분을 표출해도 좋습니다.

2장에서는 인간관계에 피로감을 느낄 때

소중히 해야 할 것에 관해 이야기하려 합니다.

사실은
입지 않아도
될 상처

상담을 하다 보면 이러한 고민을 쉽게 접할 수 있습니다.

"상사에게 신뢰를 받지 못하고 있어요."
"후배가 나를 업신여깁니다."
"직장 동료들에게 비호감으로 찍혔어요."

그러면 나는 이렇게 물어 봅니다.

"그것이 사실인가요? 정말로 그렇게 생각하나요?"

물론 내담자들은 하나같이 "사실이에요! 왜냐하면…" 하고 말을 이어 나갑니다. 그리고 뒤에 붙는 말은 대부분 다음과 같은 식입니다.

"이메일을 보내도 답장을 하지 않거나 의례적인 내용뿐입니다. 그런 걸 보면 절 좋아하지 않는 게 분명해요."
"귀찮다는 듯이 답장을 보내 왔어요. 그런 걸 보면 저를 업신여기는 거 같아요."

섣부른 오해와
착각일 수도 있다

하지만 그건 혼자만의 착각일지도 모릅니다. 실제로 이런 사람들이 자주 쓰는 문장 뒤에는 대부분 '~할 것이다', '~라는 생각이 든다'는 말이 붙고는 합니다.

"이메일을 보내도 답장을 하지 않거나 의례적인 내용뿐입니다. 그러니까 절 좋아하지 않는 걸 거예요."

"귀찮은 듯이 답장을 보내 왔어요. 그런 걸 보면 저를 업신여 긴다는 생각이 들어요."

사실은 그렇지 않을 수도 있다는 점을 인정하면 됩니다.
이메일이 전달되지 않았을 수도 있습니다.
죽을 만큼 배가 아팠을 수도 있습니다.
혹은 풀리지 않는 고민으로 몹시 괴로워하고 있었을지도 모릅니다.
또는 여러분이 항상 무서운 표정을 짓고 있어서일 수도 있습니다.

그러므로 왠지 직장 내 인간관계가 잘 풀리지 않는다고 여겨진다면, 자신 스스로가 '~할 것이다' 혹은 '~라는 생각이 든다' 하는 생각에 사로잡혀 있지는 않은지 돌아보세요. 그것만으로도 많은 변화가 있을 것입니다. 왜냐하면 자신의 오해 때문에 관계가 악화된 것일 수 있으니까요.

내 속마음이
비꼬여 있을 수도
있다

바로 앞에서 '~할 것이다'라는 말을 사용하는 습관이 왜 인간 관계에서 위험한지 이야기했습니다. 이렇게 멋대로 단정 지어 생각하는 버릇이 더 나아가면 '저 사람은 항상 나를 피해요'처럼 표현이 점점 극단적으로 치닫게 되는 경우가 많습니다. 상대방은 어쩌다 한두 번 조금 무뚝뚝한 태도를 보인 것일 수도 있는데 말이지요.

'~할 것이다'나 '~라는 생각이 든다'가 여러 번 반복되면 오해와 착각이 점점 확대되어 '절대'가 되고, 상대방과의 거리도 더욱 멀어집니다. 이런 것이 인간관계를 어긋나게 하는 원인이 되기도 합니다.

이런 경우는 대부분 자신의 마음속에 '비꼬인 나'가 있는 것입니다. 그러니 자신에게 이렇게 물어봅시다.

"그렇다면, 솔직히 사람들이 어떻게 해 주길 원하지?"

'나를 피한다', '나를 무시한다', '나를 싫어한다'라고 생각하는 그 사람이 정말은 어떻게 해 주길 원하는지 내게 질문하는 것입니다.

'말을 걸어 주길 원했는가?'
'걱정해 주길 원했는가?'
'상냥하게 대해 주길 원했는가?'
'예스라고 답해 주길 원했는가?'

상대방이 내게 어떻게 해 주길 원했는지 알았다면 그다음에는 그것을 솔직하게 상대에게 말해 보면 어떨까요?

"좀 더 상냥하게 말해 주면 좋겠습니다."

"이메일을 보냈을 때 답장을 해 주면 좋겠어요."

이런 식으로 자신이 상대방에게 원하는 바를 전달하는 것입니다.

상대방에게 원하는 바를 말하기 쉽지 않다면

네? 역시, 무리일까요? 그렇군요. 어쩔 수 없지요. 사실 이 문제가 그렇게 간단하지는 않겠지요. 충분히 이해할 수 있습니다.

그렇다면 다른 비법을 알려드리겠습니다. 이건 그다지 노력할 필요도 없습니다. 하지만 아주 간단하고 효과가 좋은 방법입니다.

바로 자신의 상상 속에서 대화를 하는 것입니다.

1. 말하고 싶은 상대를 떠올립니다.
2. 상상 속에서 상대에게 살며시 미소를 짓습니다.
3. 상상 속에서 상대의 웃는 얼굴을 떠올리세요.

4. 상상 속에서 상대에게 원했던 바를 전합니다.

   (예를 들어, 상냥하게 말해 주면 기쁘겠어요, 이메일에 답
   장을 해 주면 좋겠어요 등)

5. 끝.

어떻습니까? 간단하지요? 노력할 필요도 없고, 끈기가 필요
하지도 않고, 그다지 큰 용기도 필요 없습니다. 너무 간단해서
효과가 없을 것 같나요? 그래도 속는 셈치고 한번 시도해 보
세요.

'~할 것이다'나 '~라는 생각이 든다'처럼 혼자만의 착각에 사
로잡혀 인간관계가 뒤죽박죽이 되었다면 먼저 자신의 속마음
이 비꼬여 있을 수도 있다는 사실을 인정하세요. 그리고 상대
방이 정말 어떻게 해 주길 원했는지 솔직하게 전달하는 것입
니다. 그것만으로도 비꼬인 인간관계가 순조롭게 풀려 나갈
것입니다.

상대의 의도와
나의 판단이
다를 수도 있다

'우리 인간은 자신의 감정을 스스로 만들어 냅니다.'

아니, 스스로 만들어 낸다고요? 이게 무슨 뜻일까요?

인간은 어떤 사건을 보거나 겪으면 가장 먼저 하는 일이 있습니다. 바로 자기 안에 있는 기억 데이터베이스를 검색하는 일입니다. 그리고 그 안에서 '괴롭다', '힘들다', '슬프다', '부끄럽다' 등의 단어가 발견되면 과거에 겪었던 상처와 지금 눈앞에서 겪고 있는 사건을 동일시해서 감정을 만들어 냅니다. 예를 들어 보죠.

내 기억이 현재를
멋대로 재단하지 않도록

어떤 회사에서 회의가 열리고 있는 중입니다. A는 B가 반대 의견을 내놓자 화가 치밀었습니다. 이때 A의 마음속에서는 이런 일이 벌어집니다.

A는 B가 반대 의견을 제시하는 순간 자신의 기억 데이터베이스를 더듬기 시작합니다. 마침내 어린 시절의 한 기억에 가 닿습니다. 어머니가 반대하여 하고 싶은 일을 하지 못해 무척 화가 났던 경험을 찾아낸 것입니다.

그 순간 A는 B가 반대 의견을 제시했다는 사실을 기억 속 거부당했던 감정과 멋대로 결합해 분노의 감정을 만들어 냅니다. B의 반대 의견을 들었을 때 A는 어머니에게 화가 났던 기억이 되살아나 분노를 느끼는 것입니다.

'또 내 의견에 반대하다니! 나는 인정받지 못하고 있어! 내가 하는 일에 항상 반대, 반대뿐이야!'

B가 악의 없이 단순한 반대 의견을 표한 것일 뿐이었더라도, 아니 오히려 A가 잘되길 바라는 마음에서 의견을 제시한 것이었더라도 말입니다.

이것은 '내가 하고 싶어 하는 일을 반대했다'는 사건이 잠재되어 있던 A의 오랜 상처를 깨워 비명을 지르게 한 것입니다. 따라서 결국 A는 현재 눈앞에서 벌어진 사건에 반응하는 것이 아니라 과거의 감정을 다시 맛보고 있는 셈입니다.

상대방에게는 상대방 나름의 사정이 있을 수 있습니다.

혹은 여러분을 생각해서 한 행동일지도 모릅니다.

그런데 자신의 기억 속 특정 사건에 비추어 상대방의 생각을 멋대로 재단해서 '나는 부정당했다'고 판단하는 건 아닐까요?

굳이 분위기를
파악하려
애쓰지 않아도 괜찮다

심리 상담을 하다 보면 이런 고민을 자주 접합니다.

"어느 순간 주변 분위기를 파악하려 애쓰고 있는 제 자신이 싫어요."

"다른 사람의 안색을 살피다가 하고 싶은 말은 꺼내지도 못해요."

주변 분위기를 파악한다? 이게 무슨 말일까요?

참 어렵습니다. 주변 분위기를 파악하는 일이라면 나 역시 그 누구에게도 뒤지지 않는 사람이었습니다. 이런 고민, 충분히 이해할 수 있습니다.

그런데 사실, 주변 분위기를 파악한다는 것보다는 분위기라고 '생각하는 것'을 파악한다고 해야 옳습니다. 자기 멋대로 분위기 같은 것을 만들어 낸 뒤 그것을 파악하려 애쓴다는 것이지요. 다시 말해, 파악하지 않아도 되는 분위기를 파악하는 것입니다.

그러면 파악하지 않아도 되는 분위기란 무엇을 의미할까요? 바로 '저 사람은 나를 싫어할지도 몰라', '저 사람이 화를 낼지도 몰라', '저 사람은 화가 난 것 같아'처럼 자신의 불안에서 만들어진 분위기를 말합니다.

결국 분위기를 파악하는 목적이 사실은 자신의 마음에서 우러난 상냥함이나 상대방을 위한 배려가 아니라 자신을 보호하기 위한 것이었습니다. '미움을 사고 싶지 않다', '화나게 하고 싶지 않다' 등 자신을 보호하고 싶은 보신의 감정에서 기인한 것입니다.

다시 말해, 이 경우의 분위기란 '미움을 사고 싶지 않다', '화나게 하고 싶지 않다' 등으로 나타나는 '자신의 불안'일 뿐입니다.

불안과 상상을
멈추는 방법

'불안'은 실재하고 있는 그 어떤 것이 아니라 자기 안에만 있는 것입니다. 그것을 자신이 멋대로 만들어 내 신경을 쓰고 있는 것입니다. 따라서 실제로 존재하지도 않는 것을 분위기라고 생각하는 것입니다.

그러므로 여러분이 불안해하며 파악하고자 하는 분위기는 자신의 착각이자 망상이라 해도 좋겠지요. 파악하려고 애쓸 필요가 없는 분위기일지도 모릅니다.

주변 분위기를 파악하는 습성이 있다고 스스로 생각하는 사람이라면, 그리고 그로 인해 지쳐 있는 사람이라면, 그 분위기가 사실은 자신의 완전한 착각일 수도 있다고 생각해 봅시다.

불안해서 혹은 자신을 지키기 위해서 분위기를 파악하려 애쓴다?

여러분 자신이 파악하려 하는 분위기는 여러분이 제멋대로 만들어 낸 상상에 지나지 않을 수도 있습니다.

손해를 봐도 좋다는 생각의 힘

주변에 의외로 이런 상황에 놓인 사람이 적지 않습니다.

"다른 사람이 싫어하지는 않을까 여러모로 신경도 쓰고 분위기도 파악하며 무진 애를 썼는데, 결국은 절 좋아하지 않아요. 정말 이상해요."

"손해를 보지 않겠다는 마음으로 살았는데, 결국은 늘 손해만 보게 돼요. 저만 손해를 본다는 생각이 들어요. 이상해요."

이럴 때는 '손해 봐도 좋다', '싫어해도 상관없다'는 생각을 가지고 행동해 보세요. 실제로 손해를 보고 싶어 하지 않는 사람일수록 손해를 보는 것이 세상의 이치입니다. 서툰 도박꾼이 그 좋은 예라 할 수 있지요.

도박은 부자가 이기게 되어 있습니다. 부자는 '손해 봐도 좋다', '그저 즐기자'는 자세로 도박에 임하기 때문입니다. 손해를 봐도 좋다고 생각하면 결과적으로는 이기게 됩니다.

반대로 돈이 없는 사람은 온힘을 다해 손해 보고 싶지 않다고 외칩니다. 그러면 결국 손해를 봅니다.

'손해를 봐도 좋아.'

이렇게 생각할 때 의외로 많은 것이 주어질 수도 있습니다. 아니, '주어진다'보다는 '돌아온다', '되돌아온다'는 표현이 옳을지 모릅니다.

눈 딱 감고
마음을 비워 보자

이것은 돈에만 국한된 이야기가 아닙니다. 인간관계도 그렇고, 결혼도 마찬가지입니다. '손해를 보고 싶지 않다'고 생각하면 손해를 볼 수 있습니다. '사랑받고 싶다'고만 생각하면 사랑받지 못할 수도 있습니다. 요컨대, 자신은 이미 충분히 사랑받고 있으니까 사랑받지 않아도 괜찮다고 생각하면 결과적으로 사랑이 되돌아오게 된다는 이야기입니다.

시험 삼아 한번 해 보세요. 이렇게 생각하고 그런 마음가짐으로 행동해 보세요.

'상대가 나를 싫어해도 괜찮아.'
'그가 내게 화를 내면 어때.'
'내가 손해 봐도 상관없어.'

이런 생각으로 행동한다는 것은 자신의 마음을 오픈한다는 의미입니다. 자신의 의견이나 속마음을 솔직하게 표출하고 자신이 하고 싶은 일을 하는 것, 다시 말해 자신답게 살고자 결심했을 때만 가능한 일입니다. 그런 순간에 나쁜 일이 일어날리가 없습니다.

손해 봐도 좋다고 생각한다는 것, 실제로 자신이 손해를 본다는 것은 누군가는 이익을 얻는다는 것을 뜻합니다. 즉 자신이 손해를 볼 때란, 뒤집어 말하면 자신이 좋은 일을 하는 때입니다. 모처럼 좋은 일을 하면서, 남에게 베풀면서 손해를 보았다고 안타까워하는 것은 가슴 아픈 일입니다. 좋은 일을 하면서 불평을 늘어놓는다면 행복감을 느낄 수 없겠지요.

'손해 봐도 좋아'라고 생각하는 순간 실제로 누군가에게 기쁨을 줄 수 있습니다. 그러면 그 기쁨은 내게 다시 돌아오기 마련입니다. 시험 삼아 한번 이렇게 생각해 보는 것도 좋지 않을까요?

○

실패해도 괜찮아,
비웃어도
괜찮아!

회사원 시설의 나는 마음을 닫고 생활했습니다. 그때 이런
일이 있었습니다.

마음이 닫혀 있을 당시, 나는 이야기를 그다지 즐겨 하지 않
는 편이었습니다. 되도록 말을 하지 않겠다고 마음먹은 계기
가 있었는지는 모르겠습니다. 다만 이야깃거리 자체가 잘 떠
오르지 않았던 것으로 기억합니다.

그러다 어쩌다 이야깃거리가 떠올라 누군가에게 말을 하면

나 스스로도 '아, 재미없다'고 생각하기도 했습니다. 그러면 또 '역시 나는 말을 하지 않는 편이 좋아' 하고 마음을 닫아 버렸지요. 그러는 게 편해서 가급적이면 말을 하지 않고 지냈습니다.

그렇다고 아예 말을 안 한 것은 아닙니다. 업무와 관련해서는 보통 사람들처럼 말했습니다. 아니, 오히려 이야기를 꽤 잘하는 편이었습니다. 업무에 관해서라면 흥미도 있고 자신감이 있었기 때문인지도 모르겠습니다. 하지만 사적인 화제만 나오면 갑자기 목소리가 작아졌지요.

덤벼 봐,
부딪혀 볼 테니까

나는 그것이 고민이었습니다. 그래서 한번은 보이스 트레이닝을 받아 보기로 했습니다. 보이스 트레이너는 나의 고민을 듣더니 마음의 문제일지 모르겠다는 말을 하더군요. 그는 내게 실제로 보이스 트레이닝을 시켜 보고는 '소리를 내는 기능'에는 아무 문제도 없다고 했습니다.

역시 '심리적 문제'였습니다. 다시 말해, 내가 무엇인가 의견을 말했을 때 다른 사람으로부터 비웃음과 비판 혹은 재미없다는 소리를 듣게 되는 게 너무 두려웠던 것입니다. 그래서 개인적인 얘기가 나오면 목소리가 나오지 않았던 것입니다.

요컨대, 사생활에 대해서는 스스로 자신감이 없던 게 원인이었습니다. 있는 그대로의 자신, 또는 업무 모드가 아닌 개인으로서 자신에게는 자신감이 없었습니다. 그래서 목소리가 작아지는 현상이 나타난 것입니다.

보이스 트레이닝을 통해 그 사실을 깨달을 수 있었지만, 그렇다고 목소리가 커지지는 않았습니다. 그러던 어느 날, 한 계기를 통해 그 굴레를 벗어던질 수 있게 되었습니다. 바로 다른 사람 앞에서 하기에는 부끄럽다고 느끼던 행동을 해 보는 것이었습니다.

예컨대 다른 사람에게 자신의 고민이나 실패담을 털어놓거나 눈물을 보이는 것 등이 있습니다. '다른 사람이 알아도 상관없다', '알게 되어 나를 싫어해도 괜찮다'는 각오만 하면 됩니다.

'부끄러워 말고 과감하게 해 보자.'
'실패투성이라도 괜찮아.'
'남들이 비웃어도 상관없어.'

이런 용기를 가지고 행동하면 됩니다.

'비웃음을 사도, 실패해도, 부끄러운 모습을 들켜도 괜찮다!' 라는 경험을 쌓아 가는 것이 중요합니다.

업무 대화에서든 사적 대화에서든 자기만의 개성을 가지고 자신의 목소리로 이야기하면 됩니다.

그러면 심리적으로 '자, 뭐든지 덤벼 보라고!', '한번 부딪혀 볼까?' 하는 기분이 들 것입니다.

○

대화의 고수는
자신의 약점을
숨기지 않는다

일반적으로 커뮤니케이션이나 대화를 잘하려면 상대의 이야기를 잘 들어 주는 것이 중요하다고들 합니다.

물론 중요합니다. 하지만 커뮤니케이션이나 대화 문제로 고민하는 사람 중에는 원래 듣기만 하는 사람이 꽤 많습니다. 그렇기 때문에 지금 이상으로 더 잘 들어 준다면 자기 이야기는 점점 더 할 수 없게 되어 더욱 고통스러워질 수 있습니다.

이런 사람들에게 나는 "우선 자신의 부끄러운 면(부끄럽다고 생각하는 것)을 모두 드러내세요"라고 권합니다. 자신이 부끄럽다고 생각하는 것을 숨김없이 털어놓으라고 말입니다. 자신의 약점, 치부, 오점을 드러내는 것, 즉 자신의 나약함을 표출하라는 것입니다.

비즈니스 영업에서의 대화도 마찬가지가 아닐까요? 자사 상품의 장점만 늘어놓는 영업 사원은 실적이 좋지 않습니다. 사람들은 단점과 약점을 정확하게 알려 주는 사람을 더 신용하기 때문이지요.

기술보다
솔직함이 무기다

약한 면을 숨기고 강한 체하기 때문에 지치는 것입니다. 나약함을 숨긴 채 관계를 유지하려니까 피곤한 것입니다. 입장을 바꾸어 보세요.

여러분은 강한 면만 지닌 사람과 관계를 맺고 싶습니까?

멋진 모습만 보이는 사람과 만나고 싶습니까?

한심하고 부끄러운 과거를 가진 사람과는 만나고 싶지 않습니까?

오히려, 그렇기 때문에 만났을 때 더 편하고 더 만나고 싶다는 생각이 들지 않을까요?

단점과 약점을 분명하게 말할 수 있는 영업 사원의 실적이 더 좋듯이 나약함을 감추기만 하기보다는 밖으로 표출하는 사람이야말로 진짜 강한 사람인지도 모릅니다.

커뮤니케이션이나 대화의 기술을 배우기 전에 먼저 자신의 나약함을 드러내고 마음을 열어야 합니다. 아니, 마음을 열 수 있다면 커뮤니케이션 문제로 고민할 필요도 없습니다. 그러니 대화나 커뮤니케이션에 기술이 전혀 필요 없음을 알 수 있습니다.

비즈니스에서 사용하려는 것이라면, 혹시 커뮤니케이션 기술이라는 것이 효과가 있을지 모르겠습니다. 하지만 일상에서 커뮤니케이션 때문에 고민하고 있다면, 살 들어 주기만 하는 것보다는 자신의 약한 면을 드러내 보는 게 어떨까요?

부정할 줄
모르는 사람은
긍정할 줄도 모른다

　푸념, 험담, 넋두리, 불평 등의 부정적인 말을 가급적 사용하지 않으려 주의하는 사람이 많을 것입니다. 실제로 많은 책에서도 하나같이 '즐겁다', '기쁘다', '고맙다', '운이 좋다' 등의 긍정적 언어를 사용하라고 권장합니다.

　물론 언어 자체가 에너지이므로 부정적인 말을 사용하기보다는 긍정적인 말을 사용하는 편이 바람직합니다. 나도 역시 '운이 좋다'는 말을 입에 달고 다닌 덕분에 여러 상황에서 많은 도움을 받았으니까요.

그런데 여기부터가 진짜 중요한데요, 부정의 말보다 긍정의 말을 하라는 의미를 전혀 잘못 알고 있는 사람이 많다는 데 문제가 있습니다.

나는 지금도 상담을 하거나 세미나를 할 때, 부정적인 말을 적절하게 사용할 것을 권합니다. 왜냐하면 마음이 약해지고 소모되는 원인이 감정을 참고 자제하는 데서 기인한다고 생각하기 때문이지요.

물론 참고 자제하고 있다는 것을 의식조차 하지 못하는 사람이 있으니까 그것은 예를 들면, '말을 삼킨다', '말하지 않으려 자제한다', '약점을 보이지 않으려 한다' 정도의 느낌에 해당한다고 생각하면 됩니다.

설령 부정적인 말이나 감정이라도 그 말과 감정은 그 사람만이 지니고 있는 것입니다. 다시 말해, 그 사람만의 에너지입니다. 그것을 부정적이라고 해서 표출하지 않고 삼켜 버리면 결국 여러분 안에 그 부정적 에너지가 쌓이게 됩니다. 에너지는 사용하지 않으면 사라지지 않고 계속 남아 있으니까요.

그런데도 사람들은 '부정적인 말은 하지 않는 편이 좋다', '부정적인 말을 하면 기분이 우울해진다', '긍정적인 말로 몸과 마음을 채우는 것이 좋다'고 생각하고 참습니다. 혹은 '즐거워',

'기뻐', '고마워', '운이 좋았어'라는 말로 무리하게 치장합니다.

부정의 에너지도
적절하게 표출해야 한다

참고, 참고, 또 참고, 가슴에 쌓아 두고, 쌓아 두고, 또 쌓아 두면 어떻게 될까요?

그러면 주변 사람이 부정적으로 되어 갑니다. 혹은 내 마음의 용량을 초과해 브레이크가 고장이 나고, 결국은 몸도 마음도 꼼짝할 수 없게 됩니다. 이것이 우울증 상태입니다. 이것은 나 역시 부정적인 말을 자제하고 안에 쌓아 두기만 한 경험이 있기에 깨달은 사실입니다.

나는 심리 상담사라는 직업을 택하고 나서 항상 다른 사람보다 더 웃는 얼굴을 하고 상냥하고 양보하는 마음을 지니려 애썼습니다. 따라서 사람들에게 늘 미소를 지어 보였습니다. 하지만 그것은 거짓이었습니다. 가슴속에는 분노, 미움, 질투, 후회, 슬픔 등과 같이 극히 인간적인 감정을 고스란히 담고 있었습니다. 그런데도 그것을 모두 웃는 얼굴과 밝은 태도로 숨겼습니다. 상냥한 체, 강한 체했던 것입니다.

그리고 내가 부정적인 말을 하지 않으면 않을수록, 나쁜 감정을 숨기면 숨길수록 그 에너지를 받은 내 주변의 사람들이 점차 부정적인 감정을 표출하게 되었습니다. 그 결과 나 자신도 괴로워졌을 뿐만 아니라 좋지 않은 일들이 계속해서 일어났습니다.

내가 느낀 감정과 하고 싶은 말들이 설령 부정적이더라도 숨기지 마세요. 무작정 꾹 참지만 말고 적절하게 잘 드러내기 바랍니다.

자, 어떤가요? 여러분은 부정적인 말을 적절하게 사용하고 있나요?

느끼면 바로 말하고, 생각나면 바로 행동하라

앞서 설명한 것처럼, 부정적인 말이나 감정을 숨기거나 무작정 참기만 하면 그 에너지가 주변 사람에게 향하거나, 자기 마음의 브레이크가 고장 나게 됩니다.

하지만 더 무서운 일이 있습니다. 바로, 지나치게 참으면 어느 순간부터 자신의 생각이나 감정을 느낄 수 없게 된다는 사실입니다. '좋고 나쁨'의 판단 없이 오로지 참기만 하는 버릇이 생기는 것입니다.

'볼썽사납다', '분위기를 망친다', '실패할지도 모른다', '다른 사람의 눈이 신경 쓰인다', '비웃음을 살 것이다', '상대에게 상처 줄지도 모른다', '화낼지도 모른다' 등 다양한 이유를 준비하고, 정작 자신의 마음에서 생겨난 말과 행동을 참습니다. 그러면 그 에너지는 점점 몸(마음) 안에 쌓입니다.

진짜 문제는 그러한 행동을 반복하면 좋은 생각뿐만 아니라 나쁜 생각도 모두 참게 된다는 것입니다. 자동화되어 가는 것입니다. 편리합니다.

그리고 이것이 완전히 습관화되면 자신이 어떤 생각을 가지고 있는지, 무엇을 좋아하는지, 무엇이 슬프고 화가 나는지, 무엇이 즐거운지조차 알 수 없게 됩니다. '자신의 생각'이나 '자신의 감정'을 죽여 나가는 셈입니다.

이처럼 자신을 압살하고 자신을 억누르면서 마음은 점점 소모되어 약해집니다. 그렇다면 어떻게 해야 좋을까요? 방법은 간단합니다.

'그때마다 내뱉는다.'
'그때마다 행동한다.'

이것으로 충분합니다.

'화가 난다', '울컥 치민다', '부럽다', '저 사람 탓이다', '슬프다' 등의 분노, 미움, 질투, 원한, 슬픔 등의 감정을 그때그때 참지 않고 겉으로 드러내 말해야 합니다.

쌓아 두지 말고
그때그때 말해야 하는 이유

전에 내가 근무하던 회사의 상사 중에 이러한 감정 표현이 뛰어난 사람이 있었습니다. 여하간 화도 잘 내고 감정을 잘 분출했습니다. 하지만 표출할 만큼 표출하고 나면 다음은 깨끗하게 기분을 전환하고 앞을 향해 걷기 시작합니다. 시원시원하고 다정한 사람이었습니다.

'느끼면, 바로 말한다.'
'생각나면, 바로 행동한다.'

언뜻 보면 다혈질 같지만, 그 이면에 있는 진지한 생각이 온전히 전해져 옵니다. 그래서 사람들은 그를 결코 나쁜 사람이라 생각하지 않습니다. 싫어하지도 않습니다.

반대로 아무 말도 하지 않고 담아 두었다가 한 번에 쏟아 내

면 어떻게 할 방법이 없습니다. 그때마다 감정을 말해 주는 것
이 오히려 좋다고 생각합니다.

　자, 어느 쪽이 인간답고 매력적일까요?

　그때마다 감정을 표출하면 정말로 미움을 사고 시끄럽단 소
릴 들을까요?

　여러분도 한번 '그때그때 말하기'를 시도해 보면 어떨까요?

진짜 자신으로 살면, 부정적인 사건이 줄어든다

부정적인 말도, 부정적인 감정도 정확하게 표현하는 것이 중요합니다. 단, 주의할 게 두 가지가 있습니다.

첫째, 지금의 감정을 드러내야 합니다.
둘째, 표현할 때 상대에게 쏟아 내는 것이 아니라 단순히 드러내야 합니다.

먼저 '나는 지금 이렇게 느끼고 있다'며 단순히 드러내세요. 쏟아부으면 안 됩니다. 그리고 상대의 반응을 추궁하지 마세요. 제멋대로 상대의 반응을 기대하고 요구해서는 안 됩니다. '내가 큰마음 먹고 솔직하게 털어놓았는데!'라며 화내서도 안 됩니다.

정 못 참겠으면, 다른 방법이 있습니다. 바로 이불을 뒤집어쓰고 큰 소리를 쳐 보는 방법입니다.

"이 바보야!"
"외로워!"
"너무 분해! 나쁜 인간아!"

부정의 생각을 긍정의 생각으로 전환하는 법

이렇게 푸념이나 욕, 넋두리, 불평 등 부정의 에너지를 적당히 뱉어 내는 것이 중요합니다.

부정적인 생각이 남아 있으면 몸과 마음에 열을 품게 됩니다. 그리고 그런 사람에게는 아무리 좋은 말을 해도, 뜨거운 철판 위에 눈이 쌓이지 않는 이치와 마찬가지로 그 좋은 말들이 모두 녹아 사라집니다.

자, 지금부터가 중요합니다. 부정적인 말과 생각을 모두 쏟아 낸 다음에는 '하지만 ~하다'라는 말을 덧붙여서 긍정적인 말과 생각으로 바꾸는 것입니다.

"하지만 덕분에 지금이 있는 거야."
"하지만 그에게는 좋은 점도 있어."

이렇게 앞을 향해 나아가면 됩니다. 잊지 않고 입가심을 하면 되는 것입니다. 앞에서 소개한 상사가 바로 이런 멋진 사람이었습니다. 부디 가슴에 감정을 쌓아 둔 채로 애써 웃음 짓지 마세요. 그게 더 무서우니까요.

그런데 이 조언을 듣고 다음과 같이 말하는 사람이 있을 수도 있습니다.

"그렇게 안 좋은 말을 하면 안 좋은 일이 일어날 것 같아요."

그게 말이죠, 그렇지가 않습니다. '나쁜 말만' 사용하라는 말이 아닙니다. 나쁜 말, 부정적인 말을 적절하게 사용하고 좋은 말도 잘 사용하면 됩니다.

분노, 미움, 질투, 원한, 슬픔 등의 뜻을 담은 나쁜 말, 부정적인 말과 마찬가지로 친절, 사과, 도움, 감사 등의 뜻을 담은 좋은 말, 긍정적인 말도 많이 사용하면 되는 것입니다.

요컨대, 나쁜 말이든 좋은 말이든 적절하게 사용하는 것, 나쁜 감정과 좋은 감정을 모두 표출하는 것, 그것이 '진짜 자신'입니다.

그리고 진짜 자신으로 살아가는 사람은 '부정적인 말을 사용하고 싶어지는 사건이 감소'하는 선물을 받게 됩니다.

상처받는
나를 인정하면
남 눈치 볼 필요 없다

화나는 일이 생기면 당신은 어떻게 하나요? 혹시 그 화나는 일 안에서 어떻게든 긍정적인 의미를 찾아내서는 자신을 납득시키려 하지 않나요?

어떤 일을 하다가 잘 풀리지 않거나 실패하게 되면 당신은 어떻게 하나요? '아, 지금은 시기가 아니다'라고 생각하며 바로 포기하지는 않나요?

과거에는 나도 그랬습니다. 심리학이나 커뮤니케이션 관련

서적을 읽으며 '눈치 빠른 사람', '분수를 잘 아는 사람'이 되고
자 노력했습니다. 물론 그런 책에 담긴 새로운 사고방식이나
관점 자체는 매우 훌륭합니다. 문제는 이 개념들을 스스로 납
득하면서 받아들이면 좋았겠지만, 무리해서 받아들이려 했다
는 것입니다.

결국, 그저 좋은 사람인 척, 멋있는 척하는 것에 불과했습니
다. 책에서 안내하는 조언들을 모두 수용하는 체, 그래서 감정
에 휘둘리지 않는 체했을 뿐 실제로는 분노, 후회, 슬픔 등의
다양한 감정을 고스란히 느끼고 있었던 것입니다.

그 안에는 온몸이 녹아내릴 정도로 녹초가 된 자신도, 능력
도 용기도 없는, 그래서 아무것도 할 수 없는 자신도 있었습니
다. 용기를 내지 못하고 현실에 안주해 빠져나오지 못하는 자
신도 있었습니다. 다만, 아닌 척했을 뿐입니다.

그런데 사실, 그런 솔직한 감정과 생각을 밖으로 표출하면
마찰이 생깁니다. 상처를 입게 되고, 그 상처를 치유하기 위한
에너지가 필요하게 됩니다. 바보 취급을 당하느니, 차라리 자
신의 감정과 생각을 드러내지 않는 쪽이 편합니다.

이런 상황이 반복되다 보면 자신이 하고 싶은 말이 있어도
하지 않게 되고, 어느새 눈치 빠른 사람, 분수를 아는 사람이
되는 것이지요.

상처받은 자신마저
받아들여라

자신이 '눈치가 빠른 사람', '분수를 아는 사람', '자신의 의견을 말하지 않는 사람'이라고 느껴지나요? 만약 그렇다면 '나는 혹시 무언가로부터 도망치고 있는 것은 아닐까?' 하고 자신을 들여다보도록 하세요.

사람들과의 마찰로부터, 그로 인해 입을 수 있을지도 모르는 상처로부터, 그 상처를 치유하기 위해 필요한 노력으로부터, 그리고 바보 취급당하는 것으로부터 도망치고 있는 것은 아닌가, 하고 말입니다.

도망치기 위해 눈치가 빨라진 것은 아닌가?

도망치기 위해 말하고 싶은 것, 하고 싶은 것을 포기하고 있지 않은가?

도망치지 마세요. 부딪히고, 상처받고, 노력하고, 바보 취급당할 수도 있는, 그런 자신마저도 온전히 인정해 주세요.

기준이
다르다는 것을 알면
상처받지 않는다

직장 생활을 하거나, 심지어 가정생활을 하다 보면 의도치 않은 상황이 발생할 때가 자주 있습니다. 상대방이 '잘되라는 생각에서' 한 배려가 헛돌며 오히려 인간관계를 어긋나게 하는 경우가 바로 그런 예입니다.

당신도 혹시 상대방이 '잘되라는 생각'에서 말하거나 행동한 적이 있지 않나요?

사람은 저마다 자신이 받아들이는 '친절'이나 '마음 씀씀이',

'배려' 등의 기준이 다릅니다. 이건 아주 당연한 사실이지요. 하지만 머릿속으로는 이 사실을 알고 있어도 마음이 납득하지 못하는 경우가 있습니다.

모처럼 상대방이 '잘되라는 생각에서' 배려를 했는데 상대방이 그것을 받아들이지 않거나 자신이 기대했던 것과 다른 행동을 하면 당신은 아마도 이런 생각을 하게 될 것입니다.

"기껏 해 줬는데, 왜 저렇게 행동하지?"
"기껏 해 줬는데, 왜 내 말대로 하지 않는 거지?"

그러면서 불만을 갖게 되거나 마음에 상처를 입거나 상대방에게 화를 내기도 합니다.

말이나 행동보다 의도에 집중하라

이것은 당신의 오해이자 착각입니다. 당신이 멋대로 상대방을 배려해서 '잘되라는 생각으로' 했을 뿐입니다. 그 배려를 상대방이 꼭 받아들일 의무는 없는 것입니다. 사람에게는 무엇이 배려이고 무엇이 배려가 아닌지에 대한 저마다의 기준이 있습니다.

자신이 좋은 의도로 한 행동이 상대방에게 받아들여지지 않았다면, 그것을 기회로 자신도 누군가의 좋은 의도를 받아들이지 못하고 있을 수 있다는 생각을 해 봅시다.

여러분에게는 마음에 들지 않는 말이나 혐오스러운 태도도 상대방은 좋은 의도에서 한 것일 수 있다는 생각을 해 보는 것은 어떨까요?

이 한 가지만이라도 가슴에 새긴다면 당신의 마음에 작은 변화가 시작될 것입니다.

○ '신뢰를 받지 못한다', '호감을 주지 못한다' 등의 고민은 대부분 자신의 잘못된 오해에서 비롯된 경우가 많다.

○ 미움을 사고 싶지 않다거나 손해 보고 싶지 않다는 자기 보호 측면에서 주변 분위기를 파악하려 애쓰는 것을 그만두고 '싫어해도 괜찮다', '손해 봐도 상관없다'고 생각을 바꾸자.

○ 커뮤니케이션을 잘하려면 잘 들어 주는 사람이 되기보다는 먼저 자신의 약한 모습을 드러내 보이자.

○ 나쁜 말이나 감정을 억제하는 버릇을 버린다. 그리고 좋은 말도 나쁜 말도 적절하게 드러내도록 한다.

○ 눈치 빠른 사람인 체하지 않는다. 분수 파악을 잘하는 사람이 되지 않는다.

나는
왜 자꾸만
화가 날까?

내 감정을 소모하지 않는 법

항상 여러분을 괴롭게 하는 후배가 있습니다.

일일이 이상한 일로 화를 내고 사람을 못살게 구는 상사가 있습니다.

이유도 없이 여러분을 적대시하고 험담늘 하는 동료가 있습니다.

직장에는 다양한 사람들이 모이므로

마음이 맞는 사람만 있을 수는 없습니다.

당연하지만, 자신과 잘 맞지 않거나 애먹이는 사람,

심한 경우에는 싫은 사람마저 있을 수 있습니다.

그들로 인해 조바심 내고 고민하고 화를 내고 있지는 않나요?

3장은 마음을 약하게 만드는 원인이

타인에게 있다고 믿는 사람들을 위해 준비했습니다.

문제라고
생각하니까
문제가 된다

인생을 살다 보면 주변에서 다양한 사건이 일어나고 다양한 사람과 만나게 됩니다. 그들 중에는 왠지 꺼려지는 사람도 있고, 내게 애를 먹이는 사람도 있고, 무작정 싫은 사람도 있기 마련입니다.

직장 생활을 할 때 싫어하는 행동만 하는 사람, 싫어하는 말만 하는 사람이 내 주위에 있다면 그야말로 고통의 씨앗이겠지요.

직장인 A가 있습니다. 그가 이런 말을 했습니다.

"우리 회사에 문제아가 하나 있습니다. 주변 사람들이 모두
그 사람에게 휘둘리죠. 사소한 일로 상사에게 반항하고 사내
규칙은 아무렇지도 않게 어기기 일쑤입니다. 전혀 분위기 파
악을 못하는 말만 하고요."

아마도 A는 '그'가 문제라고 생각하는 듯합니다.
이에 반해, 같은 직장에 다니는 B는 '그'에 관해 이렇게 말합
니다.

"자유롭게 행동하는 측면이 있지만, 그는 자신의 의견을 뚜
렷하게 제시하고 과제를 발견하는 능력 또한 뛰어납니다. 아
직 전달 방식이 조금 미숙하긴 하나 상래성이 있다고 생각합
니다."

자, 보세요. 동일한 인물을 두고 A와 B가 전혀 다르게 받아
들이고 있음을 알 수 있습니다.
A는 '상사에게 반항한다'거나 '사내 규칙을 어긴다'는 점을 들
어 '그'가 문제라고 생각합니다.

하지만 B는 상사에 대한 반항도, 사내 규칙을 어기는 점도 크게 신경 쓰지 않습니다. '자신의 의견이 뚜렷하다', '과제를 발견하는 능력이 뛰어나다'고 평가하며 '그'가 문제라고 생각하지 않습니다.

문제의 씨앗은
내 안에 있는지도 모른다

동일한 인물인데도 받아들이는 사람에 따라 문제로 보기도 하고 전혀 문제 삼지 않기도 합니다. 그러므로 '문제다', '해결해야 한다'고 생각한 순간부터 사실 그 '문제'는 그 사람의 문제가 아니라 그렇게 느낀 사람의 문제가 됩니다.

이 역설적인 상황은 어떤 상황에 자신의 잣대를 들이대기 시작했기 때문에 벌어진 것입니다.

혹시 주위에 싫거나 애를 먹이는 사람이 있나요?

만약 '문제가 많다고 생각되는 사람'이 당신 주위에 있다면, 그것은 당신 안에 문제의 씨앗이 있는 것일 수도 있습니다.

○

그저 사람마다
가치관이
다를 뿐이다

바로 앞에서 '문제'라고 생각한 순간부터 문제는 다른 사람의 문제가 아니라 '문제라고 느낀 사람의 문제'가 된다는 점을 설명했습니다. '문제'라고 느끼는 사람과 '문제가 아니다'라고 느끼는 사람이 있기 때문입니다.

그러면 왜 '문제'라고 느끼는 것일까요?

한 여성이 내가 진행하는 세미나에 참석해서는 "직장에 싫어하는 선배가 있어요" 하고 고민을 털어놓은 적이 있습니다. 들어 보니 '그 선배가 문제'라는 것이었습니다.

"선배는 일을 전혀 하지 않고 저희 후배들에게 떠넘겨요. 바쁜 시기에도 좋아하는 일이 아니면 하려고 하지 않아요. 그래서 선배가 어떤 말과 행동을 할지 늘 안절부절못한다니까요."

분명 어느 직장이든 이 선배 같은 사람이 한두 명쯤은 있기 마련이지요. 그런데 잘 생각해 보면, 그녀가 안절부절못하는 이유는 선배와 가치관이 맞지 않기 때문이라는 사실을 알 수 있습니다.

그녀는 '나는 비록 싫어하는 일이라도, 많은 양의 일이라도 꾹 참고 하는데!'라는 생각을 하고 있습니다. '싫어하는 일도, 많은 양의 일도 참아야 한다'는 가치관을 지니고 있는 것입니다. 하지만 선배는 싫어하는 일이나 지나치게 많은 양의 일은 하려 하지 않습니다. 그래서 그녀는 선배 때문에 애가 타고 화가 납니다.

흔히 '공무원은 복지부동하다'고 섣부르게 판단을 내리는 것과 같은 이치입니다. 주위에 싫어하는 공무원이 있는 것도 아니고, 그들이 자신에게 위해를 가하는 것도 아닌데 왠지 공무원에게 화가 납니다.

그 이유는 '공무원은 편한 일을 하며 월급을 받는다'고 생각하기 때문입니다. 진짜 그러한지 아닌지 알지도 못하면서 말이죠. 또 다른 측면에서는 '나는 일을 고되게 하면서도 적은 월급을 받고 있다'는 생각도 한몫하고 있습니다. '일은 힘든 것이며, 편하게 월급을 받는 것은 좋지 않다'는 가치관이 강한 사람일수록 공무원에게 분노를 느낍니다.

결국 자신의 가치관에 맞지 않다고 여겨지는 사람에게 화가나고 좋지 않은 감정을 느낀다는 이야기입니다.

그가 싫은 이유와
나의 가치관을 점검해 보기

시간을 정확히 지키는 사람은 시간 개념이 불분명한 사람에게 조바심이 납니다.

상사의 말을 잘 듣는 사람은 상사의 말을 거역하는 사람에게화가 납니다.

적극적인 자세로 일하는 사람은 적당히 일하고 일찍 퇴근하는 사람에게 화가 납니다.

만일 직장이나 주변에 '싫어하는 사람', '조바심 나게 하는 사람'이 있다면 '나의 가치관과 그 사람의 가치관은 어디가 다를까?'를 생각해 봅시다. '가치관의 어떤 부분이 달라서 불만일까?' 하고 말입니다.

그 답은 당신이 완고하게 지키고 있는 가치관에 있습니다.

'나는 싫어하는 일도 참고 하는데, 그 사람은 좋아하는 일만 한다.'

'싫어하는 일도 참고 해내야 한다.'

'참지 않고 좋아하는 일만 하면서 아무렇지 않은 것은 교활하기 때문이다.'

분명 이런 가치관에 근거한 것이겠지요. 그런데 혹시 사실은 부러워하고 있는 건 아닐까요?

배운
생각이라면
고칠 수도 있다

문제는 그 사긴을 문제라고 생각하는 사람 안에 있습니다. 사람은 자기 눈앞의 사건이나 사람을 자신의 가치관에 비추어 보고, 자신의 가치관과 맞지 않으면 문제라고 판단하는 경향이 강합니다.

그렇다면 앞에서 소개해 드린 사례와 같이 문제로 여기는 가치관은 왜 만들어지는 것일까요? 그 이유는 무엇일까요?

예를 들어, 어린아이가 '바쁜 후배에게 일을 떠맡기면 안 된다'고 생각할까요? 아니요, 그럴 리는 없습니다. 다시 말해 '바쁜 후배에게 일을 떠맡겨서는 안 된다'는 가치관은 언젠가, 어딘가에서 습득된 것입니다.

'후배에게 일을 떠맡기는 것'을 강하게 비판하는 것을 누군가에게 들었거나, 바쁜데도 다른 사람에게 일을 떠넘기지 않고 노력하여 크게 칭찬받은 적이 있을 것입니다. 또는 누군가에게 '일을 후배에게 떠넘기는 인간은 최악'이라고 배웠을 수도 있습니다.

기본적으로 우리가 지니고 있는 가치관은 다른 사람으로부터 영향을 받아 형성됩니다.

타인에게 칭찬을 받고, 꾸지람을 듣고, 바보 취급을 당하는 등의 경험을 통해 '지금 상태로 있어서는 안 된다'고 생각한 결과 '~해야 한다', '~하는 편이 낫다'는 가치관이 만들어지는 것입니다. 그리고 우리는 그 가치관을 기준으로 저 사람은 '이상하다', '교활하다', '틀렸다', 이 사람은 '불편하다', '싫다' 하는 식으로 눈앞의 사람을 재단하고는 합니다.

물론 지금의 가치관을 가지고도 인간관계에 지장이 없다면, 그대로여도 좋습니다. 하지만 현재의 가치관으로 인해 항상 특정 인물에게 조바심이 나거나 거북한 감정을 느껴 괴롭다면, 즉 '문제'가 된다면 자신이 '옳다'고 생각하는 그 가치관을 의심해 보는 것이 좋을지도 모릅니다.

아무리 큰 변화라도
그 시작은 한 걸음부터다

이처럼 싫어하는 사람이나 거북한 사람이 있다면, 인간관계가 잘 풀리지 않는다면, 현재 자신을 괴롭히는 가치관을 바꿔 보길 권장합니다.

그런데 상담을 하다 보면, 가치관에 변화를 주기 위해 "이것을 해 보지 않으시겠습니까?"라고 제안하면 "그건 무리예요", "그런 일은 할 수 없어요"라고 말하는 사람을 봅니다. "어째서 무리인가요?" 하고 물으면 "예전에도 같은 시도를 해 보았지만 잘 안됐어요"라고 답합니다. 그럴 때면 나는 '그렇게 쉽게 결론 내리지 말고 여러 번 해 보면 좋을 텐데' 하고 생각합니다.

그런데 나 역시도 똑같다는 것을 깨달은 적이 있습니다. 다이어트 트레이닝을 받을 때였습니다. 하루는 강사에게 "하루에 물을 2리터 정도 마시세요"라는 말을 듣고 옆에 있던 친구에게 "물 2리터라고? 그걸 어떻게 마셔" 하며 여러 변명을 늘어놓았습니다.

"한참 상담하고 있는데 화장실에 가고 싶어지면 어떡해?"
"영화를 여유 있게 볼 수 없잖아!"
"장시간 차를 타기라도 하면 곤란하지 않을까?"

불가능하다는 생각을 증명하기 위해 별의별 이유가 다 동원되었습니다. 물론 실제로 여러 차례 물 마시기 과제에 도전해 보았지만 결국 실패한 경험도 그 이유 중 하나였습니다. 그래서 '마실 수 없다'고만 생각했습니다.

얼마 뒤 다이어트 트레이너가 이메일을 보내 왔습니다. 그 메일의 내용이 지금도 가슴에 고스란히 남아 있습니다.

"처음부터 '절대 무리!'라고 선을 그어 버리면 언제까지고 해낼 수 없습니다."

한 대 얻어맞은 느낌이었습니다.

'뭐야, 내가 내담자에게 느끼는 애로 사항을 나 자신이 그대로 하고 있었잖아.'

큰 반성을 한 나는 하루 2리터 물 마시기에 다시 도전했습니다. 그러자 노력하면 마실 수 있다는 사실을 알게 되었습니다. 동시에 체중도 눈에 띄게 줄었습니다.

그 이후 나는 내담자에게 "단번에 바꿀 수는 없습니다. 우선 한 가지 혹은 두 가지 정도면 충분합니다"라고 말하게 되었습니다.

가치관을 바꾸려면 시간이 걸립니다. 그러므로 단숨에 바꾸려 하지 말고, 우선 한 가지 혹은 두 가지 정도부터 바꿔 보는 건 어떨까요?

상대를
바꾸려 하지 않는 순간,
상대가 변하기 시작한다

문제는 문제라고 생각하는 사람에게 있는 것이므로, 나의 가치관을 바꿔 보자는 말을 앞에서 했습니다.

그런데 아무리 생각해도 잘못은 상대방에게 있고 자신은 옳다고 생각될 수도 있습니다. 그런 사람들 대부분은 '지각을 밥 먹듯 하는 사람', '업무와 관련된 거짓말로 현장의 혼란을 야기하는 사람', '일을 적극적으로 처리하지 않을뿐더러 진행에 방해가 되는 사람'을 보면 '지각해서는 안 돼', '일에 관한 거짓말은 용서할 수 없어', '방해되는 행동은 잘못이야'라고 생각합니다. 그리고 상대를 바꾸려 하고, 그러다가 안 되면 '무슨 수를 써도 변하지 않잖아!' 하고 화를 냅니다.

그들에게 이렇게 말해 주고 싶습니다.

"꿈쩍도 않는 바위를 옮기려는 것과 같습니다."

자신이 지나가려는 길에 큰 바위가 놓여 있습니다. 그 바위가 방해가 되니 옮기려 합니다. 두드려도 보고, 타일러도 봅니다. 여러 방법을 동원해 보지만 바위는 꿈쩍도 하지 않습니다. 움직일 때까지 기다리겠다고 생각도 해 보지만, 바위가 움직일 리 없습니다. 기다리다 지친 나머지 다시 두드리기 시작합니다. 결국 '꿈쩍도 않잖아'라며 '내가 이렇게까지 했는데'라고 불평을 늘어놓습니다.

꿈쩍 않는 바위를
굳이 옮기려 하지 마라

움직이지 않는 바위를 눈앞에 두고 이렇게 행동하는 사람이 있다면 어떤 말을 해 줘야 할까요?

그렇습니다. 그냥 피해 가라고 말해 주면 되지 않을까요? 왜냐하면 바위는 절대 움직이지 않을 테니까요.

눈앞의 바위가 움직이지 않는다면 돌아가거나 기어 올라가서 넘으면 됩니다. 그런데 당사자는 '어째서 내가 멀리 돌아가야 하지?', '길을 막고 있는 것은 바위 쪽이야'라며 자신도 그 자리에서 꼼짝도 하지 않습니다.

이것은 길을 막고 있는 바위가 문제니 바위가 움직여야 한다며 상대방이 변화하기만을 촉구하는 행동과 같습니다.

"후배가 꿈쩍할 생각도 안 하지 뭐야(변하려고 하지 않아)."
"상사가 요지부동이야(변할 여지가 전혀 없어)."

이런 생각이 든다면 다른 방법은 찾지 않고 바위가 움직이기만 기다리고 있는 사람이 바로 자신은 아닌지 한번 의심해 보세요.

인간관계에 애를 먹는 사람들에게 조언을 할 때, 이처럼 나는 항상 "다른 사람을 바꾸려 하지 말고 자신이 바뀌면 된다"라고 말합니다.

심리 상담사 일을 막 시작했을 때는 나는 내담자에게서 바위가 움직여 주길 기다리는 사람이라는 느낌을 자주 받곤 했습니다. 따라서 "스스로 변하지 않으면 안 됩니다, 이렇게 하는 것이 좋겠습니다" 하고 조언했습니다.

하지만 어떤 말을 해도 사고방식을 절대 바꾸려 하지 않는 사람이 있습니다. 실행으로 옮기려 하지 않는 사람도 있습니다. "스스로가 변하면 상대도 변하지 않을까요?"라고 조언해도 자신을 바꾸려 하지 않는 사람을 보면 조바심이 나기도 했습니다. "나를 바꾼다는 것이 쉽지 않아요, 선생님"이라고 말하는 사람에게 나는 더욱 절실하게 "변화를 시도해 보세요" 하고 말했습니다.

네, 그렇습니다. 꿈쩍도 않는 바위를 움직이려 한 것은 바로 나 자신이었습니다. 다른 사람이 변하길 바라는 사람을 내가 열심히 변화시키려 했던 것입니다. 그 상태에서는 어떤 것도 달라지지 않습니다.

이 사실을 깨달은 나는 내담자를 움직이려(변화시키려)는 시도를 그만두었습니다. 그러자 놀랍게도 내담자가 움직이기(변하기) 시작했습니다. 정말 믿기지 않는 일이었습니다.

'싫어하는 사람'이나 '불편한 사람', '자신을 애먹이는 사람'이 있을 때, 그를 변화시키지 않겠다고 생각하는 순간, 변화가 찾아옵니다.

'일을 빨리 끝내야 한다고 생각하지 말자.'
'확실한 대답을 들으려 하지 말자.'
'지각을 개선하려 생각하지 말자.'

그렇게 생각하는 순간, 놀랍게도 상대가 변하기 시작하는 경우가 있습니다.

동료에게 화난다면
내 일이 만족스러운지
살펴라

'내가 할 수 있는 일은, 내가 해 온 일은 다른 사람도 할 수
있어.'

상대가 변하길 원하는 사람은 이렇게 생각하는 경향이 있습
니다. 그는 '내가 할 수 있는 일이라면 못할 리 없어. 그런데 왜
하지 않을까?'라고 생각하고 상대방에게 불만을 갖거나 조바심
을 내기 쉽습니다.

예를 들어, 하루에 열 곳이나 되는 판매처를 돌고 나서도 업무일지를 거르지 않고 작성하는 영업 사원이 있다고 합시다. 그가 보기에 업무 일지를 쓰지 않고 퇴근하는 후배나 동료는 도저히 이해할 수 없습니다. 그들에게 화가 납니다.

"나는 이메일을 받으면 곧바로 답장을 하는데 어째서 자네는 답장을 안 하지?"
"나는 몸이 부서져라 일을 하는데 어째서 너는 정시에 퇴근을 하지?"

사람들은 모두 저마다 다른 가치관을 가졌습니다. 그런 상대를 변화시키려 하는 사람은 타인이 자신과 동일한 가치관을 가졌다는 전제에서 생각하기 시작합니다. 상대가 자신과 같은 행동을 하기를 기대하고, 또 그렇게 행동할 것을 요구합니다.

'내가 이렇게 느끼니까 당신도 동일하게 느껴야 해.'
'내가 참고 있으니 당신도 참아야 해.'

이런 식입니다. 그리고 그 기대가 어긋났을 때 '당신은 도대체 왜 그러는 거야!' 하고 화를 냅니다.

해야 하는 일보다
하고 싶은 일을 기준으로

사실 해야만 하는 일이 아니라 자신이 하고 싶어서 하는 일인 경우에는 이런 반응을 보이지 않습니다.

'빨리 답장을 하고 싶어서 이메일을 쓰는 사람'은 정작 본인이 답을 받는 시기는 신경 쓰지 않습니다. '일이 정말 하고 싶어서 스스로 몸이 부서져라 일하는 사람'은 주변 사람이 일찍 퇴근해도 신경 쓰지 않습니다.

자신이 다른 사람에게 '어째서 그런 행동을 하지?', '어째서 안 하는 거야?'라고 분노를 느낀다면, 그 이유가 지금 하고 있는 일이 '하고 싶어서'가 아니라 '해야 한다'고 생각해서 하는 일은 아닌지 생각해 봅시다.

더 나아가 '해야만 한다'고 생각하는 일이 정말로 해야 하는 일인지도 생각해 보는 게 좋습니다. 정말은 하고 싶지 않은 일을 참으면서 하고 있을 때 '해야 한다'는 강박이 나오기 때문입니다.

◦

칭찬할 줄
아는 사람 주위에
사람이 몰린다

이 심리 상담사라는 일을 하기 전의 나는 후배나 가족, 아이들에게 매우 엄격한 사람이었습니다. 결점과 실수만을 찾았지요. 그렇다고 칭찬을 하려 전혀 노력하지 않은 것은 아닙니다.

그 당시 회사를 다니며 사원 교육용 자료를 통해 '칭찬하며 교육한다', '좋은 점을 찾아 성장할 수 있게 한다'는 말을 자주 접할 수 있었습니다. 나는 그 조언대로 '그런가? 그러면 나도 상대의 좋은 점을 찾아 칭찬을 해야겠네' 하고 사람들에게

서 좋은 점을 찾으려 했습니다. 나름대로 '칭찬이란 어떤 것일
까?', '어떻게 칭찬하면 좋을까?' 하고 궁리도 했습니다.

그때 깨달았습니다. 칭찬이란 자신의 가치관에 부합해야 할
수 있다는 사실을 말입니다.

예를 들어, 내가 '일을 꼼꼼하게 해야 한다'는 가치관을 가지
고 있으면, 늦어도 꼼꼼하게 일하는 사람에게는 '잘했어' 하고
칭찬할 수 있습니다. 반대로 일은 빠르게 하지만 엉성하게 일
하는 사람은 나의 가치관에 맞지 않으므로 칭찬하지 않습니
다. 마찬가지로, '일은 빠르게 해야 한다'는 가치관을 가지고
있는 사람은 좀 서툴더라도 일을 빨리 하는 사람을 칭찬하지,
천천히 꼼꼼하게 일하는 사람을 칭찬하지 않습니다.

다시 말해, 사람은 자신이 보고 들은 것을 자신 안에 있는 가
치관에 비추어 그에 부합하면 '좋다', '훌륭하다'고 하고, 그렇지
않으면 '틀렸다', '잘못되었다'고 합니다.

사람의 가치관은 제각각이므로 사람에 따라 칭찬하는 부분
도 다릅니다. A에게는 칭찬을 받았지만, B에게는 야단을 맞는
경우도 생깁니다.

따라서 누군가를 칭찬하려 한다면, 그 사람에게서 자신의 가
치관에 부합하는 것을 찾으면 됩니다. 눈앞에 칭찬하고 싶은

사람이 있다면, 그의 가치관과 자신의 가치관에서 공통점을 찾으면 되는 것입니다.

가치관의 기준을 낮추면 칭찬하기 쉽다

그런데 혹시 다른 사람에 대한 칭찬이 좀 인색한 편인가요? 그렇다면 자신의 가치관에 대해 다시 한번 진지하게 생각해 보면 어떨까요? 가치관의 잣대가 너무 높을 수도 있기 때문입니다.

회사원이던 시절, 나는 '일은 빠르고 꼼꼼하게 해야 한다'고 생각했습니다. 앞에서 말한 '일은 꼼꼼하게 해야 한다'나 '일은 빠르게 해야 한다'는 가치관보다 더 엄격한 것이었지요. 그 때문에 일이 빨라도 엉성하거나 일이 꼼꼼해도 늦거나 하면 도저히 칭찬할 수 없었습니다.

'싫어하는 사람, 거북한 사람이라도 찾아보면 칭찬할 부분이 있어요'라고 아무리 말해도 '칭찬할 부분이 없습니다'라고 말하는 사람이 있습니다. 이 경우, 자기 안에 있는 가치관의 기준이나 합격점이 지나치게 높을지도 모릅니다. 예전에 내가 그랬던 것처럼 말이죠.

가치관의 기준이 높은 사람은 그 기준에 부응하는 사람이 많지 않기 때문에 늘 어려움을 겪기 마련입니다. 그의 주변은 결점이 많은 사람, 무능한 사람, 자신을 조바심 나게 하는 사람으로 가득하고, 칭찬할 사람은 적습니다. 그리고 자신이 부족하다고 느껴질 때는 스스로를 책망합니다. 예전의 나도 '일은 빨랐지만 엉성한 부분'이 많았으므로 자주 자책했습니다.

물론 업무의 질을 높여 가는 일은 필요하고 바람직합니다. 하지만 그로 인해 항상 초조하거나 주변 사람이 불평하게 된다면 결코 바람직한 게 아닙니다.

가치관의 기준이 낮은 사람에게는 크게 문제되지 않을 일이 가치관의 기준이 높은 사람에게는 모두 문제로 바뀝니다. 때문에 자신을 초조하게 만드는 사람, 결점투성이인 사람, 애를 먹이는 사람이 자기 주위에 많다고 생각되면 '내 가치관의 기준이 높은 것은 아닐까?' 하고 생각해 보는 게 좋습니다.

물론 애써 칭찬하려 하지 않아도 됩니다. 단지 '그런 사람도 있군', '저런 일도 있구나' 하고 좋고 나쁨의 판단을 하지 않는 것만으로도 충분합니다.

꼴 보기 싫은 사람은 '후' 하고 날려 버려라

주위에 싫어하는 사람이 있습니까? '어머, 호랑이도 제 말 하면 온다더니' 하고 피하게 되는 사람 말입니다. 그 사람 바로 앞에서 당신은 어떻게 행동합니까?

나도 물론 싫어하는 사람이 있습니다. 뭐랄까, '싫어하는 사람'과 '거북한 사람'으로 나뉜다고나 할까요?

'싫어하는 사람'과는 원칙적으로 가능한 한 접촉하지 않으려 합니다. 공격도 하지 않고 험담도 하지 않으려 주의하지요. 그렇지만 같은 직장에 있는 사람이라면 전혀 상대하지 않고 지낼 수는 없습니다. 결국 그와 마주치게 되고, 그럴수록 싫어하는 감정이 더 생기게 되고, 그러면서 화가 나기 시작합니다.

'싫어하는 사람을 생각하지 말자'고 아무리 생각해도 결국 떠올리고 마는 게 인간입니다. 예컨대, 이런 말을 들으면 머릿속에 어떤 것이 떠오릅니까?

"핑크색 개를 상상하지 마시오."

"어제 저녁에 먹은 음식을 떠올리지 마시오."

이렇게 '하지 마시오'라는 말을 들으면 결국 하게 되지 않습니까?

'하지 마시오' 같은 말을 '부정 명령'이라 하는데, 의도와 반대되는 효과를 낳습니다.

화장실에서 흔히 볼 수 있었던 '휴지를 버리지 마시오', '한 발 앞으로' 등의 글귀가 최근에는 '항상 깨끗하게 사용해 주셔서 고맙습니다'라는 긍정적인 표현으로 바뀌었습니다. 이처럼 '휴지를 버리지 마시오'라고 하면 휴지 버리는 장면을 생각하는 반면, '깨끗하게 사용해 주셔서 고맙습니다'라고 하면 깨끗하게 사용하는 장면을 떠올립니다.

싫어하는 사람을
머릿속에서 지우는 방법

인간관계도 이와 마찬가지입니다. 싫어하는 사람이나 거북한 사람, 당신을 힘들게 하는 사람에 대해 '저 사람에 대해 생각하지 말자', '그 문제를 무시하자'고 생각하면 반대로 그것을 생각하게 됩니다. 생각하지 않으려면 우선 그 '생각하고 싶지 않은 것'을 명확하게 할 필요가 있습니다.

그렇다면 어떻게 해야 할까요?

한 가지 방법은 무작정 무시하는 대신 긍정적인 방향을 바라보는 것입니다. 그저 '싫어하는 사람'으로부터 수동적으로 눈을 돌리는 것이 아니라, 보다 적극적으로 '좋아하는 사람' 쪽을 바라보세요.

그런데도 거북한 사람이 계속 떠오를 경우에도 방법이 한 가지 있습니다. '후' 하고 불어서 날려 버리는 것입니다. 그 사람의 얼굴이 떠오르면, 그 사람의 얼굴을 향해 '후', 다시 떠오르면 다시 '후', 또 떠오르면 또 '후' 하고 날려 버립니다.

그렇게 했는데도 떠오른다? 그러면 실제로 소리 내어 말합니다.

"후! 집으로 돌아가!"

얼핏 우스갯소리처럼 들리겠지만, 한번 해 보세요. 효과가
아주 좋습니다. 싫어하는 사람을 생각하지 않으려 해도 계속
생각난다면, 꼭 한번 시도해 보세요.

모든 사람의 마음에 들지 않아도 괜찮다

지금까지 강연이나 상담, 출판 등 여러 활동을 해 오면서 도움이 되는 일도 있었고, 그렇지 않은 일도 있었습니다.

실제로 아주 다양한 일들이 있었습니다. 칭찬을 해 주거나 무척 반겨 주는 사람을 만났는가 하면, 말없이 가 버리는 사람을 만난 적도 있고, 심지어 불평을 하거나 반론을 하는 사람도 있었습니다.

하루는 출판사로부터 책 속에 들어 있는 독자 엽서를 받았습니다. 잠시 틈이 나는 시간에 그 엽서를 읽어 보고 '아, 이렇게 좋아해 주는 사람이 있구나' 하고 새삼 기뻤습니다. 그리고 이렇게 생각했습니다.

'세상에는 다양한 사람이 있고, 그 모든 사람에게 기쁨을 주는 것은 매우 어려운 일이다. 그 사실을 머릿속으로는 알고 있지만, 좋은 의도를 가지고 조언을 했을 때 부정적인 반응을 접하게 되면 어쩔 수 없이 서운하기 마련이야. 하지만 이렇게 내 말과 글을 통해 한 사람이라도 도움을 받는다면, 설사 반론이나 비판을 받을지라도 앞으로 계속 해 나가자.'

그때 일부러 엽서를 적어 보내 준 그 마음이 무척 고맙고 기뻤습니다.

**이런 사람이 있는가 하면
저런 사람도 있으니까**

직장 생활이나 사회생활에서의 인간관계도 이와 크게 다르지 않습니다. 직장이나 사회에는 다양한 사람이 있습니다. 나이도 다르고, 성별도 다르고, 사고방식도 각각 다릅니다. 좋고 싫은 것이 사람마다 모두 다릅니다. 당연히 애초부터 모든 사람의 마음에 들 수 없습니다. 그런데도 모든 사람의 마음에 들려고 하면 힘이 들 수밖에 없습니다.

모든 사람의 마음에 들려는 병에 걸렸다면 이런 말을 떠올려 보세요.

"당신이 그렇게 하고 싶다면 그렇게 하세요. 하지만 그것을 나에게 강요하지는 마세요."

"내가 원해서 하는 것입니다. 그리고 당신에게 강요하지 않겠습니다."

나는 나름대로 심리 요법이 주는 즐거움과 기쁨을 많은 사람에게 알리고 싶지만, 그것을 모든 사람에게 강요할 생각은 없습니다. 그것을 받아들일지 않을지의 여부는 당연히 그 정보를 접한 사람에게 달렸습니다.

마음에 들지 않는 사람이 있는 것은 서로 가치관이 다르기 때문입니다.

정말로 단지 그뿐입니다.

○ 타인에게 문제가 있다고 느낀다면 자기 안에 문제가 있는 것
이다.

○ 조바심이 나고 화가 나고 불만을 느끼는 것은 자신의 가치관
에 맞지 않기 때문이다.

○ 타인을 바꾸려는 것은 움직이지 않는 바위를 옮기려는 것과
마찬가지다. 무리해서 옮기려 하지 말고 스스로 움직여라.

○ 자신이 '해야 한다'는 의식을 가지고 행동하고 있다면 타인에
게도 동일한 것을 요구하게 된다. '하고 싶어서 한다'를 기준
으로 행동한다.

○ 도저히 싫어서 견딜 수 없는 사람은 무시해도 좋다. 모든 사
람의 마음에 들려고 애쓰지 마라.

4장

내 성격은 왜
이 모양
이 꼴일까?

마모된 자존감을 회복하는 법

바로 앞에서는 타인으로 인해 마음이 소모되어 간다고
생각하는 사람에게 들려주고 싶은 이야기들을 했습니다.

반대로 스스로 자신의 마음을 소모시키는 사람이 있습니다.

스스로 자신을 나쁘다고 책망하는 사람이지요.

그들은 무언가 나쁜 일이 생기면 자기 안에서 원인을 찾거나

자신의 성격과 재능, 과거를 탓하며 괴로워합니다.

결국은 '내 성격이 싫어', '나를 바꾸고 싶어'라는 생각을 하게 됩니다.

4장은 바로 이런 사람들을 위해 마련했습니다.

부정의 생각은
부정의 나를
강화한다

많은 사람이 스스로 '나는 ~할 수 없다'고 생각하면서 열등감
과 함께 이런 고민들을 안고 살아갑니다.

'하고 싶은 말을 전달하지 못한다.'
'주변 사람과 잘 지내지 못한다.'
'일을 요령 있게 하지 못한다.'

이런 사람들은 항상 '나는 안 돼!'라며 자신을 책망하고 부정하면서 마음을 소모시킵니다. 그러면서 '무능한 내가 싫어', '유능해지고 싶어'라고 생각합니다.

하지만 그렇게 생각할수록 더욱 무능해져 갑니다. 왜냐하면 바로 자신은 무능하다는 생각이 너무나 강하기 때문입니다. 원하는 바는 아니지만, 워낙에 강하게 믿고 있기 때문에 마치 자석에 끌리듯 자꾸 끌려가게 됩니다. 바로 '자기 인식'의 힘입니다.

바꾸고 싶은 성격보다
되고 싶은 성격을 생각하라

자기 인식은 자신을 어떻게 생각하는가에 따라 결정됩니다. 이해하기 쉽지는 않겠지만, 인간은 특정한 형태로 자기를 인식하면 그것을 증명하는 사건을 찾기 시작합니다. 자기를 '하고 싶은 말을 하지 못하는 사람'으로 생각하는 사람은 자신도 모르게 할 말을 못하는 상황으로 자기를 자꾸만 끌고 갑니다.

예컨대, 의견을 꾹 참아야만 하는 사건들에 이끌리거나 자기 주장이 강한 사람들을 끌어들입니다. 하고 싶은 말을 하지 못한다는 자기 인식에 어울리는 상황들에만 이끌리는 것입니다.

자신을 '어차피 주변 사람과 잘 어울리지 못하는 사람이다'라고 생각하는 사람에게는 주변 사람과 잘 어울리지 못하는 것을 증명하는 사건이 자주 발생합니다. 의견이 잘 맞지 않는다거나 싫어하는 사람이 자꾸만 나타나는 것입니다.

자신을 '어차피 일을 요령 있게 하지 못한다'고 생각하는 사람은 일을 요령 있게 하지 못하는 상황을 마치 일부러 만드는 게 아닌가 싶을 정도로 자꾸만 그런 상황에 빠집니다. 한꺼번에 많은 양의 일을 맡게 된다거나, 자신보다 요령 있게 일을 처리하는 사람이 나타나기도 합니다.

이 모두가 하나같이 자신의 자기 인식, 다시 말해 '나는 이런 사람이다'라는 것을 증명하려는 것입니다. 즉 자신이 강하게 인식하는 자기 모습을 증명해 줄 사건을 끌어들이는 것입니다. 그러고는 '그것 봐, 맞잖아' 하면서 자기 인식을 점점 더 강화해 나갑니다.

따라서 '나는 ~할 수 없다'와 관련된 나쁜 사건, 슬픈 사건, 불행한 사건이 빈번하게 일어나는 사람은 그런 일이 생겼을 때 자신도 모르게 '역시나'라고 습관처럼 말합니다.

"역시나 하고 싶은 말을 하지 못했다."
"역시나 대화가 잘 안 됐다."

"역시나 요령 있게 일을 처리하지 못했다."

그렇지 않습니까? 줄곧 어느 한 가지를 생각하면, 그것이 좋은 것이든 나쁜 것이든 이루어지기 마련입니다. 그만큼 강하게 믿고 있으니 당연한 일입니다.

성격 문제도 마찬가지입니다. 상담실이나 세미나를 찾아오는 사람들 중에서 상당수가 자신의 성격을 바꾸고 싶다고 말합니다. 그들의 말을 들어 보면 자신의 성격을 싫어하고 있다는 사실을 알 수 있습니다.

"우유부단함을 없애고 싶어요."
"화를 참지 못하는 성격을 고치고 싶습니다."
"자신감이 없는 성격이 싫어요."
"지나치게 낙천적이어서 매사 경솔하게 생각하는 성격을 버리고 싶어요."

그러면서 그들은 대부분 자신이 '원하는 성격'이 아니라 당장이라도 '버리고 싶은 성격'만을 이야기합니다.
여기서 한번 생각해 봅시다.

어느 일요일, A는 "오늘은 날씨가 좋네. 집에 있고 싶지 않아!"라고 말합니다.

어느 일요일, B는 "오늘은 날씨가 좋으니 디즈니랜드에 가고 싶어!"라고 말합니다.

자, A와 B 중 어느 쪽이 즐거운 휴일을 보냈을까요?

진정으로 성격을 바꾸고 싶다면, 잠시 머리를 맞대고 함께 생각해 봅시다. 원하는 성격이 아니라 버리고 싶은 성격에 신경을 집중한다면 좋은 변화가 찾아올까요? 인생이 즐거워질 수 있을까요?

앞에서도 말했듯이 '버리고 싶다!'고 강하게 생각하면 '버리고 싶다'를 증명하는 상황을 끌어당기게 됩니다. 반면 '되고 싶다!'고 강하게 생각하면 '되고 싶다'를 증명하는 상황을 끌어당길 수 있습니다.

진정으로 성격을 바꾸고 싶다면 반드시 어떤 성격을 가진 사람이 되고 싶은가를 먼저 생각해 보기 바랍니다.

내가 보는 성격과 타인이 보는 성격은 다르다

나는 〈성격은 바꿀 수 있나!〉라는 제목의 이메일 매거진을 발행하고 있습니다. '성격 리폼 카운슬러'라는 별명도 지니고 있지요. 맞습니다. 문자 그대로 나는 성격을 바꿀 수 있다고 믿습니다.

이런 나를 찾아와 '정말로 성격을 바꿀 수 있을까요?' 하고 묻는 사람이 있습니다. 그런 사람들을 상담해 보면 대부분 '성격은 하나의 패턴으로 굳어져서 변하지 않는다'고 생각하는 듯

합니다.

하지만 성격은 하나의 패턴이 아닙니다. 좀 더 다면적이고 다양한 얼굴을 하고 있습니다. 왜냐하면 아무리 소극적인 사람이라 해도 만나는 상대방에 따라서는 적극적이 되기도 하고, 또 어떤 테마에 대해서는 수다쟁이가 되기도 하니까요. 혹은 초등학생 시절에는 활발한 성격이었던 사람이 성인이 되고 나서 만나 보니 차분한 성격이 되어 있는 경우도 흔하게 볼 수 있습니다.

내게도 '성격에는 다양한 면이 존재한다'고 생각하게 한 사건이 있습니다.

한때는 열등감에 괴로워하던 시기가 있었습니다. 열심히 나의 성격을 분석하고 자신을 찾으려 발버둥을 쳤습니다. 그러던 중 한 성격 분석 세미나에 참가하게 되었습니다. 그곳에서 두 명이 한 조를 이루어 서로 상대의 인상을 말하는 시간을 가졌습니다. 그런데 '내가 생각하는 나'와 '타인이 보는 나'가 너무나 다르다는 사실을 알고 무척 놀랐습니다.

그 세미나에 참가했을 즈음의 나는 가정과 회사에서 이런저런 일로 인해 슬럼프에 빠진 상태였습니다. '침울하다', '무섭다' 혹은 '소극적이다'라는 인상을 줄 것이라 예상했는데, 한 조가 되었던 여성은 내가 부끄러워질 정도로 내 인상이 좋다고 말했습니다. 그 순간 '어? 내 성격이 이렇게 보일 수도 있구나' 하고 깨달았습니다.

성격은 비교급이다

자신이 체크하는 성격 분석은 어디까지나 '내가 생각하는 성격'입니다. 그 안에 '타인이 본 나'의 관점은 없습니다. 타인에게 동일한 체크 리스트를 주었을 때 자신의 결과와 얼마나 다를지 알 수 없습니다. 다시 말해, '성격'이란 단순한 '비교'일 뿐입니다.

"나는 내향적이다! 누구보나?"
"나는 낯가림이 심하다! 누구보다? 누구와 비교해서?"
"나는 걸핏하면 화를 낸다! 모든 사람보다 더?"

"나는 성격이 어두워요"라고 말하는 사람도 더 침울한 사람이 보면 "그는 항상 미소를 띠고 있고 활동적이어서 참 멋져요"라는 말을 들을 수 있습니다. 자신이 '어둡다'고 멋대로 생각하고 있을 뿐입니다.

'자기주장이 강하다'고 생각하는 사람이 미국에 간다면 "당신은 너무 자기주장을 하지 않네요. 좀 더 자신을 표현하는 편이 좋겠어요"라는 말을 들을 수 있습니다.

성격은 어디까지나 가까운 주변 사람과의 비교에 불과합니다. 성격은 하나의 패턴이 아니라 복잡하고 다면적인 것입니다. 따라서 성격은 상황이나 상대, 시간 변화에 따라 얼마든지 바뀔 수 있습니다.

퍼즐 조각이
모두 있어야
그림이 완성된다

앞에서 설명한 바와 같이, 성격은 하나의 패턴이 아니라 다양한 얼굴을 가지고 있습니다. 다면적입니다. 그래서 나는 '성격이란 무엇인가'를 설명할 때, 이렇게 말합니다.

"자신을 직소 퍼즐이라 상상해 보세요."

퍼즐의 조각들이 모여 하나의 그림이 되듯, 여러 성격이 모여 자신을 이룹니다. 자신의 성격이 싫다고 말하는 사람은 퍼즐 중 몇 개의 조각을 싫어하는 것이라고 하면 이해하기가 쉬울까요? 퍼즐(자신)을 보고 '예쁘지 않다'거나 '어둡고 침울하다'고 하는 조각이 '싫어하는 성격', '바꾸고 싶은 성격'인 것입니다.

그런데 그 싫어하는 조각(성격)을 버리면 편해질까요? 인생이 즐거워질까요?

확실히 자신이 싫어하는 조각을 버리면 자신은 깨끗해질 것입니다. 이른바 '좋은 사람', '유능한 사람'이 됩니다. 하지만 '버린 조각', '쓸모없는 조각'까지 포함해 모든 조각이 제자리에 있을 때 비로소 '자신'이 됩니다.

자, 이제 어떤 조각이 싫다고 해서 떼어 버리면 어떤 일이 일어날까요? 그 퍼즐 조각이 주변에서 폭주하기 시작합니다.

우유부단함이 싫다고 그 조각(성격)을 버리면, 주변에 우유부단한 성격의 사람들이 모여듭니다.

걸핏하면 화를 내는 성격이 싫다고 그 조각(성격)을 버리면, 화를 잘 내거나 조바심을 내는 사람들이 접근해 오기 시작합니다.

씀씀이가 헤픈 자신이 싫다고 그 조각(성격)을 버리면, 왠지

금전적 개념이 없는 사람이 친구, 후배, 상사 혹은 결혼 상대자가 되기도 합니다. '당신 안에도 금전 개념이 약한 부분이 있어요' 하고 말하듯이 그런 사람이 눈에 띄는 것입니다. 이상한 일입니다.

자신이 싫어하는 성격이나 바꾸고 싶은 성격을 자신의 일부라고 생각하고 받아들여 보세요. 그러면 자신을 싫어하지 않게 될 것입니다.

내가 싫어하는 성격이
나를 지켜 왔다면?

지금껏 싫어해 온 성격(조각)이 사실 당신을 열심히 지켜 온 일등 공신이라면 또 어떤 생각이 드나요?

당신의 성격은 과거에 자신이 경험한 아프고, 괴롭고, 힘들었던 일들을 또다시 경험하지 않도록 보호해 준 '프로그램'입니다.

예컨대 '사람들 앞에서 말을 잘 못하는' 성격이 싫다는 사람이 있습니다. 이 사람은 과거에 사람들 앞에서 말을 했다가 부끄러움을 겪은 일이 있었습니다. 그래서 다시는 그런 기분을 맛보지 않도록 사람들 앞에 나서는 것을 싫어하는 프로그램이 만들어진 것입니다.

예컨대 높은 곳에서 떨어질 뻔한 무서운 경험을 했다고 합시다. 그러면 다시는 그런 생명의 위협을 느끼지 않도록 높은 곳을 싫어하는 프로그램이 만들어집니다.

예컨대 친구에게 배신을 당하면 다시는 그런 괴로움을 겪지 않기 위해 사람들과 거리를 두도록 인간관계에 서툰 프로그램이 만들어집니다.

두 번 다시 괴로움을 느끼지 않으려 만들어진 프로그램이 자신의 성격인 셈입니다.

방법이 다소 서툴고, 곤란을 겪을 때도 많았을 것입니다. 결과가 꼭 좋지만은 않았을지도 모릅니다. 그래도 열심히 당신을 지켜 준 것, 바로 당신의 성격입니다. 그러므로 아무리 싫은 성격이더라도 그 또한 자신의 일부임을 깨닫고 받아들이도록 하세요.

나는 과거에 담배를 무려 하루에 두 갑 반이나 피우는 중증 흡연자였습니다. 그런데 어느 날 단칼에 담배를 끊었습니다.

어떻게 그것이 가능했냐고요?

피우던 담배와 라이터를 책상 위에 놓아 둔 채로 금연을 시작했습니다. '언제든지 피워도 좋아'라는 상태를 유지했고, 담배를 끊기에 앞서 우선 담배를 싫어하지 않기로 했습니다. 오랜 세월 내게 위안을 주었고, 마치 몸의 일부처럼 사랑했던 담배인데 어느 날 갑자기 쓰레기통에 처박아 버릴 수는 없었기 때문입니다.

그 대신 담배에게 '지금까지 고마웠어' 하고 감사하는 마음을 전하기로 했습니다. 그러자 바로 금연에 성공할 수 있었습니다.

'싫다', '바꾸고 싶다'고 생각하는 성격이 있다면, 이 역시 마찬가지입니다. 오랜 세월을 자신과 함께해 온 성격을 미워하거나 내쫓으려 하고 있지는 않습니까? 피즐 조각을 '싫어!' 하면서 버리려 하지는 않습니까? 이것이 바로 좀처럼 성격을 바꾸지 못하는 사람이 공통으로 가지고 있는 특징입니다.

하지만 지금까지 설명했듯이, 마음에 들지 않거나 싫은 성격도 자신의 일부입니다. 그리고 그것은 자신을 지키기 위해 만들어진 프로그램입니다. 그런 성격을 싫어하고 구박하며 버려도 괜찮을까요?

좀처럼 현재의 상황이나 결점을 받아들이지 못할 뿐만 아니라 '지금까지 고마웠어' 같은 감사의 말 같은 건 못하겠다는 사람도 많을 것입니다. 지금은 감사하고 받아들이지 못해도 괜찮습니다. 아니, 받아들이려 해도 받아들여지지 않을 것입니다. 그러니 당장은 너무 애쓰지 않아도 됩니다.

대신 싫어하지 않는 정도에서, 바로 그 정도에서부터 시작해 보는 건 어떨까요?

필요도 없고
괴롭기만 한 성격은
왜 생겼을까?

당신의 성격은 기본적으로 당신의 생명 유지를 위해 일상을 좀 더 즐겁게, 그리고 불쾌한 일은 피할 수 있도록 형성되고 변화해 갑니다.

어린 생명을 성장시켜 나가려면 두려움과 아픔을 피해 갈 프로그램이 필요합니다. "세 살 버릇 여든까지 간다"라는 말이 있지요?

우리는 어릴 때 뜨거운 주전자에 데거나 개에게 물릴 수도 있고, 높은 곳에서 떨어지거나 억지로 싫어하는 음식을 먹는 등 여러 사건을 경험합니다. 그 과정에서 앞으로는 이런 불쾌함을 피할 수 있기 위한 프로그램이 만들어집니다.

나는 어린 시절을 효고 현의 시골에서 보냈습니다. 하루는 아침에 세수를 하기 위해 석유난로에 불을 붙였는데, 그 순간 펑 소리와 함께 화르르 불꽃이 일어난 적이 있습니다. 그다음부터 나는 불과 관련된 것에 두려움을 갖게 되었습니다. 가스버너의 가스를 교환할 때조차 심장이 콩닥거릴 정도입니다. 생활에 큰 지장은 없으므로 무시하고 지내고 있습니다만, 사실 조금 무섭습니다.

어린 시절에 잘못해서 광에 갇힌 적도 있습니다. 그 탓에 아직도 엘리베이터처럼 어둡고 좁은 곳은 싫어합니다. 하지만 생활하는 데는 큰 지장이 없습니다.

지금은 필요 없지만, 어려서는 필요했다

이처럼 어린 시절에 구축된 방어 프로그램이라도 일상생활에 지장을 주지 않으면 문제가 되지 않습니다. 하지만 사람에 따라서는 성인이 된 이후에도 큰 족쇄로 작용하기도 합니다.

프로그램 중에도 어려서는 필요했지만 성인이 된 지금은 필요 없는 프로그램이 있습니다.

'다른 사람 앞에서 노래를 했다가 비웃음을 산 뒤로는 사람들 앞에 나설 수 없게 되었다.'

'어려서 맞으며 자라서인지 가르칠 때면 자신도 모르게 때리지 않고는 견딜 수가 없다.'

'돈 때문에 어려움을 겪은 기억 탓에 돈이 없는 것이 너무나 무섭다.'

이러한 것들은 지금의 나를 괴롭히는 프로그램이 될 수 있습니다.

내 경우는 '다른 사람과 함께 있지 않으면, 친구가 없다, 성격이 어둡다' 하는 프로그램이 있었습니다. 그래서 무척 힘이 들었습니다. 혼자 있는 시간이 항상 괴로울 수밖에 없었습니다. 성인이 되면 혼자 있는 시간은 당연히 늘어납니다. 그런데 그 시간이 고통스러웠던 것입니다.

물론 생명 유지에 필요한 위험 회피 프로그램은 나름대로 존재 이유가 있습니다. 하지만 지금의 나에게 필요 없는 프로그램이 자신을 숨 막히게 하고 계속 괴롭힌다면 그 프로그램은 제거하는 편이 낫습니다.

다만, 이러한 프로그램의 대부분은 무의식의 세계에 존재합니다. '무의식'이라고 하면 이해하기 어려우므로 '습관'으로 바꿔 말해도 좋습니다. 젓가락질하기, 볼펜 쥐기, 음식 먹기, 신발 신기, 자동차 운전하기 등과 같은 행동처럼 의식하지 않고도 하게 하는 습관과 같습니다.

아침에 일어나 바로 밥을 먹지 않으면 꾸중을 듣는 가정에서 자랐다면, 커서도 무의식적으로 세수를 하거나 옷을 갈아입기에 앞서 아침 식사를 합니다. 인사를 할 때는 큰 소리로 해야 한다고 엄격하게 사원 교육을 받았다면, 장소를 가리지 않고 큰 소리로 인사를 합니다. '부모님 말씀은 어떤 일이 있어도 잘 들어야 한다'고 강하게 세뇌당한 사람은 무의식중에도 부모의 말을 잘 듣습니다.

그 외에도 다 헤아릴 수 없이 많지만, 이처럼 우리가 하는 행동의 대부분은 무의식적으로 작동하는 프로그램에 의해 수행됩니다. 이 프로그램은 '세 살'까지 모두 형성되는 것이 아니라 성인이 되고 나서도 만들어지는 경우가 많습니다. 자신 안에 형성되어 있는 이런 프로그램으로 인해 계속 고통받는 것은 무척 괴로운 일입니다.

이런 경우에는 자신의 습관이나 사고방식과 관련된 버릇을 관찰하여 글로 적어 보세요. 그 성격(프로그램)이 어떤 경험이나 사고방식 혹은 부모님께 받은 교육에서 생겼는지를 생각해 봅시다.

이렇게 그 프로그램이 생긴 이유를 알고 그로부터 해방되는 순간, 당신은 평온을 찾을 수 있을 것입니다. 왜냐하면 그 프로그램이 지켜야 할 어린아이는 더 이상 존재하지 않기 때문입니다.

'덕분에'를 붙이면 최악의 사건도 최고의 경험이 된다

살다 보면 많은 사건을 겪게 되고, 그중에는 나중에 떠올릴 때마다 기분이 나빠지는 사건도 있습니다. 이것을 흔히 트라우마라고 하는데, 여기에서 벗어나지 못하는 사람이 많습니다. 이럴 때는 어떻게 해야 할까요?

먼저 과거에 겪었던 최악의 사건, 가령 이런 일들을 종이에 적어 보세요.

중학교 시절 따돌림을 당했다(무시당했다).

직장 내 인간관계가 악화되어 다른 부서로 배치되었다.

동료(상사, 후배)와의 사이에서 사소한 일이 큰 분쟁으로 발전했다.

부모, 친구, 연인, 아내, 남편에게서 심한 말을 들었다.

업무에서 큰 실수를 하여 많은 사람에게 폐를 끼쳤다.

기회는 위기의 얼굴을
하고 찾아온다

이처럼 최악의 사건이나 생각날 때마다 기분이 나빠지는 기억이 많을 것입니다. 그런 사건을 꺼내 일일이 글로 적어 보는 과정을 거친 다음에는 다음과 같이 '덕분에'를 붙여 보세요.

중학교 시절 따돌림을 당했다(무시당했다).

'덕분에' 따돌림을 당하는 이의 괴로움이나 고통을 이해하여 현재 하는 일에 도움을 받고 있다.

직장 내 인간관계가 악화되어 다른 부서로 배치되었다.

'덕분에' 천직에 가까운 일을 할 수 있게 되었다.

동료(상사, 후배)와의 사이에서 사소한 일이 큰 분쟁으로 발전했다.

'덕분에' 진심을 털어놓을 기회가 생겼다.

부모, 친구, 연인, 아내, 남편에게서 심한 말을 들었다.

'덕분에' 헤어질 수 있어 새로운 파트너를 만날 수 있었다.

업무에서 큰 실수를 하여 많은 사람에게 폐를 끼쳤다.

'덕분에' 회사에 큰 변화가 생겼으며, 그 공을 인정받았다.

이렇게 하면 놀랍게도 그 끔찍했던 사건들이 새로운 능력과 기회를 얻을 수 있는 전환점으로 바뀌게 됩니다. 이것을 심리학 용어로 '재구성'이라고 합니다. 시각과 관점을 바꾸는 기술입니다. 우리는 '덕분에'를 붙여 재구성을 시도해 보았습니다.

어떤가요? 이렇게 생각하면 자신이 경험해 온 것이 모두 현재의 자신과 연결되어 있다는 사실을 깨닫게 될 것입니다.

기회는 위기의 얼굴을 하고 찾아옵니다. 심리 상담사로서 독립하고자 마음을 먹었을 때, 나는 과거의 경험들이 심리 상담사가 되는 데 꼭 필요한 것이었다는 사실을 깨달았습니다.

나쁜 사건을 경험하여 만들어진 성격도 마찬가지입니다. 사실 지금의 나와 이어지는 매우 소중한 것이었습니다. 과거에 일어난 일 자체는 바뀌지 않습니다. 대신 '덕분에'라는 말을 붙여 과거의 사건에 '새로운 의미'를 부여해 보지 않겠습니까?

상대를
미워하지 않으려고
나를 미워하진 않았나?

주위를 둘러보면 '나는 구제불능이야'라고 생각하는 사람이 의외로 적지 않습니다. 혹시 당신도 자신을 못난 사람으로 여기고 있지는 않나요? 그런데 사람들은 왜 그렇게 자신을 못마땅하게 여기는 걸까요? 그 구조에 관해 잠시 짚고 넘어가겠습니다.

A 씨가 아직 유치원에 다니던 과거로 거슬러 올라가겠습니

다. 그 시절, 엄마가 그녀에게 아픈 말을 쏟아 냅니다.

"너 어째서 료코에게 그런 심한 짓을 했니!"

그런데 정작 어린 A씨는 상상도 하지 못한 일이었습니다. 오히려 좋은 마음으로 료코가 기뻐해 주길 바라며 한 일이었습니다. 그게 어딘가에서 어긋나 버리고 말았던 것입니다.

"나는 내 마음을 엄마에게 설명했는데, 엄마는 이해해 주지 않아. 왜 알아주지 않는 거지? 나는 나쁜 아이가 아닌데."

하지만 어린 A 씨는 엄마를 끔찍이나 좋아했기 때문에 '엄마, 미워!'라고 말하지 못했습니다. 자신의 말을 끝까지 들어 주지 않는 엄마가 야속했지만, 엄마를 싫어하거나 미워하고 싶지는 않았습니다.

"엄마를 정말 사랑해. 그런데 화가 나서 참을 수가 없어. 나를 오해하다니, 너무 슬퍼. 어떻게 해야 할지 모르겠어."

이렇게 생각한 A 씨는 그 화살을 모두 자신에게로 돌렸습니다. '엄마를 싫어하고 싶지 않아', '밉다고 말할 수도 없어', '그러니 내가 잘못한 거라고 생각하자'라고 말입니다.

"그게 좋겠어. 나는 엄마 말도 잘 안 듣고, 심부름도 잘 못하고, 료코처럼 글씨도 못 쓰고, 솔직하지도 못하니까. 또….'

이처럼 자신의 나쁜 점을 생각나는 대로 찾았습니다. 계속해서 찾고 또 찾았습니다.

"그래야 내가 잘못했다고 말할 수 있어. 그렇게 하면 간단하게 해결되니까."

그날부터 A 씨의 '나의 단점 찾기 여행'이 시작되었습니다. 처음에는 아주 사소한 오해로 이야기가 잘못 전해졌을 뿐인데 말이지요.

자신이 문제라는
착각에서 벗어나라

A 씨와 같은 어른이 의외로 많습니다. 혹시 당신이 '내가 싫

다', '나는 구제불능이다'라고 생각하는 사람이라면, 한번 "나는 나쁘지 않다"라고 소리 내어 말해 보세요. 아마 처음에는 생각처럼 잘되지는 않을 거예요. 그래도 해 보세요.

당신은 자신을 주장해도 좋습니다. 상대가 누구든 말대꾸를 해도 됩니다.

'내가 제대로 하고 있지 않으니까', '내가 물러 터졌으니까', '내가 무능하니까'라고 자신의 단점을 찾는 건 이제 그만두세요. 이미 충분합니다. '내가 밉상이니까', '내가 불합리한 대우를 받는 것은 다 이유가 있어'라고 말하는 것도 이제 그만둡시다. 대신 이렇게 말합니다.

"나는 구제불능이 아니야."
"나는 나쁘지 않아!"
"나는 엄마의 그런 면은 싫어."

당신은 이렇게 말할 권리가 있습니다.

○

내가 나에 대해
더 잘 아는 것은
아니다

'내게 어울린다'는 말은 어떤 의미일까요? '나답다'는 어떤 게 '나답다'는 것일까요? '어울린다'거나 '나답다'는 것은 자신의 관점에서 보는 것과 타인의 관점에서 보는 것이 전혀 다를 수 있습니다.

몇 년 전, 처음으로 출판 기념 저자 강연회를 열었을 때의 이야기입니다. 모처럼의 행사라 스타일리스트의 조언을 구하기로 했습니다. 그런데 스타일리스트는 내가 지금까지 선택한 적이 없는 옷과 바지, 벨트, 신발 등을 권해 주었습니다. 나는 그 모든 것에 놀라고 말았습니다.

그때까지 나는 패션에 흥미도 없었고 자신감도 없었기 때문에 의류를 구입하는 데 많은 돈을 들이지 않았습니다. 저렴한 옷만 구입했었지요. 그런데 스타일리스트의 조언에 따라 복장과 소지품을 바꿨을 뿐인데 키가 커지고 자신감이 넘치는 경험을 했습니다.

물론 처음에는 내 이미지에 맞지 않는 의상이라는 생각과 터무니없이 높은 금액 때문에 위화감이 들기도 했습니다. 하지만 그건 불필요한 것이었습니다.

나는 스타일리스트가 권해 준 옷을 입고 강연을 했습니다. 그리고 내 스타일에 대한 평판이 아주 좋은 것을 보고 또 한 번 놀랐습니다.

나는 그때 여러 가지 생각이 들었습니다.

'나의 감각을 언제나 신뢰할 수 있는 것은 아니군.'
'내가 어울린다고 생각한 것이 의외로 틀릴 수도 있잖아.'
'내게 친숙한 건 이 강단뿐이군.'

이 경험을 하고 나서부터 나는 '나를 객관적으로 평가받고 조언 구하기'에 적극적이 되었습니다.

내가 보지 못한 나를
타인이 봐 줄 수 있다

내가 생각하는 나의 습관과 성격도 이와 마찬가지입니다. 자신 스스로는 '나답지 않다', '어울리지 않는다'고 생각해도 다른 사람은 '어울린다', '너답다'고 인정해 주기도 합니다. 자신은 생각해 보지도 못한 의외의 면을 다른 사람은 '좋다', '어울린다'고 인정해 주기도 합니다.

자신이 싫어하는 성격도 타인이 볼 때는 '좋은 성격'일 수 있습니다. 그러니 자신의 성격을 바꾸기가 두렵더라도 타인에게 조언을 구하고 용기 있게 바꿔 보면 의외로 잘 어울릴 수도 있습니다.

○ 자신이 할 수 없다고 생각하면 그것을 증명하는 사건, 증명하는 사람들만 모여들게 된다.

○ 성격은 퍼즐 조각과 같은 것. 다양한 조각들로 자신(퍼즐)이 이루어져 있다.

○ 성격은 자신을 지키기 위해 형성된 프로그램이다. 따라서 마음에 들지 않는 성격이라도 자신을 지켜 주고 있는 것이다.

○ 과거에 있었던 나쁜 일을 떠올린 다음, '덕분에'를 붙여 그로 인해 현재의 자신이 얻은 것을 생각해 본다.

○ '나는 나쁘지 않다'고 말해도 좋다. 자신이 구제불능이라는 착각에서 벗어나라.

5장

나는 왜
무엇을 해도
잘 안될까?

깊은 좌절감에서 벗어나는 법

인생을 살면서 무엇을 해도 안되는 시기가

누구에게나 있기 마련입니다.

'문득문득 밀려드는 좌절감에 나도 모르게 누군가에게 의지하고 싶다',

'마음먹은 대로 되지 않는다',

'마음을 털어놓을 사람이 한 명도 없다',

'오로지 앞만 보고 열심히 달렸을 뿐인데 어느 사이엔가

몸도 마음도 모두 지쳐 버렸다'

이렇게 무엇을 해도 잘 안되는, 마음이 모두 소모되어

좌절감에 허덕이고 있는 사람들을 위해 5장을 준비했습니다.

자신도 모르는 사이, 우울증과 같은 마음의 병이 찾아오기 전에

꼭 읽어 보길 바랍니다.

내가 나를 함부로 대하면
타인도 나를
함부로 대한다

'깨진 유리창 이론'을 들어 본 적이 있습니까? 말 그대로 '깨진 유리창'에 관한 이야기인데, 미국 뉴욕 지하철의 치안이 극도로 불안했을 때 이 이론을 활용해 치유한 것으로 유명합니다.

어느 마을에 유리창이 깨진 차가 오랫동안 방치되어 있었습니다. 그러자 사람들은 이 차는 '함부로 해도 좋다'고 간주해 점차 차를 훼손했고, 결국은 주변의 치안마저 악화되었다고 합니다.

뉴욕 지하철은 이 상황을 반대로 적용해 캠페인을 벌였습니다. 다시 말해, 지하철 곳곳의 낙서를 지우고 쓰레기를 없애서 청결을 유지함으로써 '지하철은 소중하게 이용해야 하는 곳'이라는 의식을 고양시킨 것입니다. 그 결과, 그토록 불안했던 치안도 개선되었다고 합니다.

왜 유독 내게만
나쁜 일이 자주 일어날까?

우리의 마음도 깨진 유리창과 같습니다. 무엇을 해도 잘 안될 때, 사람들은 자신을 '결함이 있다', '부족하다', 그러므로 '열등하다'고 생각하기 쉽습니다. 다시 말해, 스스로 '깨진 유리창'이 되어 버립니다.

내 마음이 깨진 유리창이 되고 나면 '어차피 깨져 버렸는데' 하고 자신을 소홀히 하기 시작합니다. 자신의 기분을 거짓으로 꾸미거나 자신의 물건을 하찮게 취급하지요. 나아가 자신의 가족을 함부로 대하고 파트너나 친구에게 예의 없이 행동합니다.

그러면 어떤 일이 벌어질까요? 그렇습니다. 주변 사람들도 당신을 함부로 대하기 시작합니다. 당신을 무시하거나 바보 취급을 하고, 거칠게 대하고, 신뢰하지 않습니다. 마구 대하기 시작합니다. 왜냐하면, 당신 자신이 스스로를 함부로 대하므로 주변 사람마저 그렇게 해도 된다고 여기기 때문입니다. 그렇게 마음의 치안이 점차 악화되어 갑니다.

이때 마음속의 경찰이 출동합니다. 권력과 정의로 마음의 치안을 지키려 합니다. 정의라는 무기와 법률을 내세워 우격다짐으로 마음의 치안을 지키려 하지만, 그것은 악순환을 불러옵니다. 그저 계속해서 '불합리한 일', '화가 나는 일', '만족스럽지 못한 일'들만 일어날 뿐입니다.

이 정도 되면, 인정을 받으려 분발해 실적을 올려도 누구 하나 인정해 주지 않습니다. 아무도 칭찬해 주지 않습니다. 사실 당연한 일입니다. 스스로를 하찮게 여기는데 주변 사람이 과연 당신을 존중할까요?

그렇다면 마음의 치안을 다잡고 평화를 되찾으려면 어떻게 해야 할까요?

먼저, 깨진 유리창, 즉 깨진 자신의 마음을 치유해야 합니다. 다시 말해, '어차피 나란 사람은' 하고 스스로를 나쁘게 말하거나 함부로 대하지 마세요. 주변을 탓할 것이 아니라 자신의 말을 순화하고 자신의 장점을 찾아보세요.

자신이 좋아하는 음악을 듣고, 자신이 좋아하는 가구를 배치하고, 자신이 좋아하는 책을 읽으며, 마음의 여유를 가지고 생활해 보세요.

마음의 여유를 찾을 수 있는 환경을 만들고, 돈과 시간을 투자해 보세요.

이런 식으로 자신의 마음을 위안하는 것입니다. 무엇을 해도 잘 안될 때는 우선 자신의 마음을 돌보는 것이 가장 중요합니다.

마음이 잔뜩 취했다면
등을 두드려
토해 내라

　예전의 나는 다른 사람의 이야기를 잘 들어 주는 사람이었습니다. 하지만 좀처럼 내 이야기를 털어놓지는 못했습니다. 더 정확하게 말하자면, 사실 가만히 듣고 있는 것도 싫어하는 편이었습니다.

　그것은 내가 타인을 믿지 못하고, 나 스스로 내 이야기를 신뢰하지 못하고, 그래서 단단한 벽을 쌓고 그 안에서 스스로를 보호하며 이를 앙다물고 살아왔기 때문입니다. 스스로에게 자신감이 없으니 방호벽을 쌓아 자신을 지킬 수밖에 없었습니다. 그리고 그것은 바로 '아무도 나를 상대해 주지 않는다', '아무도 도와주지 않는다', '아무도 알아주지 않는다'처럼 나의 비꼬인 마음에서 만들어진 것입니다.

물론 그런 말을 절대로 입 밖에 내놓지는 못합니다. 말로 못하니 태도로 표출할 수밖에 없습니다. 스스로 자신을 비참한 상황으로 몰아넣어 누군가 다가오도록 작전을 세웁니다. 하지만 작전대로 누군가 다가와 관심을 보여도 이미 비꼬인 상태에서는 그 친절을 받아들이지 못합니다. 자신이 벌여 놓은 일이지만, 막상 닥치니 성가신 것입니다.

이런 습성은 부모님이나 선생님께 '사랑받지 못했다', '용서받지 못했다', 혹은 친구들이 '함께 놀아 주지 않았다'고 하는 어린 시절 기억에서 비롯됩니다. 문제는 이것이 자기 멋대로 하는 생각이라는 점입니다.

그 멋대로 한 생각이 소화되지 않고 내 안에 그대로 남습니다. 그 결과, 자신을 인정해 주지 않는 주변 사람을 바로 적으로 간주하여 배척하거나 거리를 두고 대처하게 하는 버릇을 좀처럼 버릴 수 없게 합니다. 이제는 배척하는 이유나 정당성을 필사적으로 토로하고 자신을 지키는 것 외에는 다른 전략이 없는 상태에 빠지게 됩니다.

나는 그렇게 자신만 가지고 있는 '옳다'는 정의나 '해야 한다'는 당위성으로 스스로를 완전히 무장해 왔습니다. 아무도 공격해 오지 않는데 질책당했다고 믿고, 정의와 당위성의 검을 휘두르며 주변 사람에게 상처 주고, 다투고, 경쟁하고, 허세를 부리고, 인색하게 구는 등 지옥 속에서 살았습니다.

감정이 안으로만 쌓이면 마음도 취한다

이런 상태를 구체적으로 표현하자면, 과음을 하여 기분이 나쁘고 당장이라도 토할 것 같은 상태라 할 수 있습니다.

취기가 돌아 기분이 나쁘고 무슨 말을 들어도 화가 나며 트집을 잡습니다. 다리가 풀려 똑바로 걸을 수도 없습니다. 평소 숨겨 왔던 본성과 속마음이 겉으로 나와 난폭해져서 더 이상은 속수무책입니다.

이때는 변기를 부여잡고 누군가에게 등을 두드려 달라고 부탁해야 합니다.

치유를 받거나 고통이 멎게 될 것입니다.

때로는 손가락을 입에 넣어도 좋으니 용기를 내어 토해 내는 것이 좋습니다.

바로, 속마음을 털어놓는 것입니다.

그렇게 속이 시원해지면 웃음으로 마무리합니다.

다시 앞으로 나아갑니다.

치유받는다.

속마음을 털어놓는다.

그리고 웃는다.

마음의 평화를 찾는다.

이것이 중요합니다.

괜찮지 않다고
말하면
달라지는 것

당신은 '괜찮아'라는 말을 자주 사용하나요? 그렇다면 주로 어떤 경우에 사용합니까?

내 경험으로 말하면, 왠지 불안하지만 겉으로는 강한 체하며 무언가를 하고자 할 때, 스스로 "괜찮아" 하고 말했던 것 같습니다. 무언가 간섭받고 싶지 않은 일이 있을 때, 자신을 가만히 내버려두었으면 할 때도 사용합니다. 그럴 때 자주 말했던 것 같습니다.

"괜찮아", "문제없어", "어렵지 않으니까"

구체적으로 말하면 '나의 독신 생활에 대해 부모님이 걱정하실 때', '컨디션이 나빠 약해져 있을 때', '일이 잘 풀리지 않아 허둥대고 있을 때'였습니다. 또는 "아니, 조금 불안해"라거나 "도움이 필요해"라는 말을 하지 못할 때였습니다.

그래서 현재 심리 상담사가 된 내 귀에 '괜찮아'라는 말은 허세의 벽을 만드는 말로 들립니다. '더 이상 다가오지 말아 줘', '묻지 말아 줘', '상관하지 말아 줘' 하고 마음의 벽을 만들 때 사용하는 '장벽의 언어'인 것입니다.

괜찮지 않아도
괜찮아!

혹시 당신도 '간섭받고 싶지 않아', '알리고 싶지 않아', '약한 모습을 보일 수 없어' 같은 말을 대신해서, 다시 말해, 자신의 부끄러운 부분이나 약한 부분을 숨기고 싶을 때 '괜찮다'는 말을 사용하지 않나요? 특히 "괜찮아, 괜찮아" 하며 '괜찮아'를 두 번 반복할 때는 더욱 그럴 것입니다.

우리는 누구나 성장하기 위해서는, 탈피를 하기 위해서는 반드시 '과거'가 필요합니다. 따라서 자신이 성장하려면 앞만 보아서는 안 됩니다. 자신이 과거에 하고 싶었지만 '하지 못한 일'이나 자신이 과거에 겪었던 '괴로웠던 일', '부끄러웠던 일', '지우고 싶은 일', '잊어버리고 싶은 일'을 모두 똑바로 마주하고, 그것들을 받아들여야 합니다.

자신의 과거를 부정하지 마세요. 과거도 자신의 일부임에 틀림없습니다. 그것을 진지하게 마주해야 비로소 앞을 향해 걸어갈 수 있습니다.

그런데 위기가 찾아온 순간, 고통스러운 순간, 불안한 순간에 '괜찮아'라는 말을 사용하면 어떻게 될까요? '괜찮아'라는 말로 벽을 만들면 그 과거의 고통이나 부끄러움, 아픔을 묻어 버리게 됩니다. 그리고 그것을 묻어 버리면 과거와 마주하고 성장할 수 있는 기회를 잃어버리고 맙니다.

심리 상담을 받고 많은 변화를 일으킨 사람은 과거의 자신을 되돌아보고 다시 평가할 수 있습니다. 그런 재검토 과정을 통해 자신에게 큰 변화, 즉 성장이 찾아옵니다. 따라서 '괜찮아'라는 말로 과거를 묻어 버리는 행동은 그만두세요. '괜찮아'만 연발하며 자신의 과거를 묻어 버리는 '괜찮아 증후군'에 걸린 사람이 너무 많습니다.

‘괜찮아'라는 말을 그만두고 과거의 나쁜 기억이나 부끄러운 경험과 마주해 보세요. 그러면 과거를 회상하는 것이 더 이상 괴롭지 않습니다. 그뿐만 아니라 미래를 향해 변화해 나갈 수 있습니다.

왜 나는
모두 아는데도
바뀌지 않을까?

앞에서 말한 '괜찮아 증후군'이 더 나쁜 이유는 '알고 있어 증후군'이라는 합병증을 유발하기 때문입니다.

다양한 책을 읽을 때마다, 다양한 강연과 세미나에 참석할 때마다 "아, 이미 알고 있는 내용이야"라고 말하는 사람이 있습니다. 그런 사람은 "아아, 알고 있는 내용입니다", "아아, 해 본 적 있어요", "아아, 요컨대 그건 ~이지요?"라고 말하며 "알고 있다"를 반복합니다.

그런데 자세히 보면, 이런 사람은 알고는 있지만 실천하지 않거나, 실천하고 있지만 자기가 할 수 있는 부분만 실천하는 경우가 많습니다. 자기 입맛에 맞게 변형하는 것입니다.

이런 사람에게는 할 수 있는 것만 하기 때문에 아무것도 변하지 않는 사이클이 만들어집니다. 발전도 없이 빙글빙글 쳇바퀴 돌 듯 돌아갑니다. 돈과 시간을 낭비하고 괜히 아는 사람 수만 늘어날 뿐, 달라지는 것은 아무것도 없습니다.

"이미 알고 있다"라고 말하고, 또 실제로 그만큼의 지식과 기술을 지녔는데도 그 자리에 계속 머물러 있는 병, 이것이 바로 '알고 있어 증후군'입니다.

'알고 있어 증후군'에 걸린 사람은 무엇인가 일이 잘 안될 때 자신의 사고방식이 옳고 책이나 세미나가 틀렸다고 주장합니다. 사실은 그 사람이 '알고 있어 증후군'에 걸려 있기 때문인데 말이지요.

이미 알고 있다고 믿는 것을
의심하라

결과를 바꾸고 싶다면 '시시하다'거나 '당연하다', '그건 좀 이상한데'라는 생각이 든다 해도 오히려 자신의 사고방식 쪽을 부정해 보세요. 왜냐하면 '그' 사고방식으로는 해결할 수 없어서 다양한 방법을 찾아 순례를 하고 있는 것이니까요. 아무리 새로운 것을 배워도 그 '알고 있어 증후군'과 사고방식을 고치지 않는 한 바뀌는 것은 아무것도 없습니다.

따라서 책을 읽거나 세미나에 참가할 때는 '좋아, 나의 가치관을 바꾸자', '좋아, 내가 옳다고 믿는 것을 의심해 보자'라는 자세를 갖는 것이 무엇보다 중요합니다.

앞서 소개한 '괜찮아 증후군'은 물론 '알고 있어 증후군'에서 벗어나세요. 자신은 현재 괜찮지도 않고 아는 것도 없다는 사실을 깨달아야 합니다. 그래야 비로소 한 발 앞으로 내디딜 수 있는 것입니다.

타인에 대한 신경은
잠시
꺼 둬도 좋다

"아, 저 사람들 또 고객을 화나게 했어."

"아, 저 사람들 또 옥신각신하고 있네."

"아, 그 사람이 또 이상한 말을 해서 상사가 곤란해졌잖아."

"아, 저 사람이 또 분위기 파악도 못하고 행동하네."

주변에 보면, 이렇게 남 일에 유독 신경을 많이 쓰는 사람이
한두 명씩 꼭 있기 마련입니다.

이들은 한 발 더 나가서 '내가 어떻게든 해야 하는 거 아냐?', '나 때문이다!'라고 생각하며 타인의 문제로 괴로워합니다. 그리고 필사적으로 타인의 비위를 맞추려고 합니다.

주변을 신경 쓰는 사람은 타인의 문제로 항상 자신의 마음을 소모합니다. 혹시 당신도 이런 경험을 자주 한다면, 한번 이렇게 해 보세요. 바로 '알 바 아니다'를 붙여 보는 것입니다.

'누군가 곤란해져도, 알 바 아니다.'
'누군가에게 무슨 말을 들어도, 알 바 아니다.'
'누군가가 냉정한 것 같아도, 알 바 아니다.

이런 식으로 하면 굳이 떠맡지 않아도 되는 타인의 문제에서 벗어날 수 있습니다.

내 마음이
움직이는 길로 가기

'그 문제는 내 문제가 아니다'라고 생각해 보니, 어떻습니까? 벌써 가슴이 두근거리지 않습니까?

어떤 사람이 타인의 일에 유독 신경을 많이 쓴다면 그 행동

의 원인은 바로 그가 주변의 평가에 과하게 신경 쓴다는 것입
니다. 이제 타인의 일에는 신경 꺼도 좋습니다.

물론 도와주고 싶다는 생각이 들면 도와주세요.
친절을 베풀고 싶다면 그렇게 하세요.
다만, 도와주고 친절을 베풀었다면 누가 어떤 말을 해도 이
렇게 말하면 됩니다.

"내가 그렇게 하고 싶어서 했습니다."

자, 어떻습니까?

○

내 마음에
집중하는
가장 쉬운 방법

집중력이 필요한 무술이나 명상, 좌선, 스포츠 등은 호흡과 숨을 매우 중요하게 여깁니다. 우리 심리 상담사도 호흡과 숨에 많은 주의를 기울입니다.

'숨'은 한자 '息(식)'으로 나타낼 수 있는데요, 자신을 뜻하는 '自(자)'와 마음을 뜻하는 '心(심)'으로 이루어졌습니다. '숨'을 소중히 한다는 것은 '자신의 마음'을 소중히 하는 것이기도 합니다.

잠시라도 좋으니, 시험 삼아 호흡에 나의 모든 의식을 모아 보세요. 그것만으로도 마음이 한결 차분해질 것입니다. 긴장하거나 초조하거나 괴로울 때는 호흡이 얕고 매우 빨라집니다. 이때는 호흡에 집중하기만 해도 마음이 진정됩니다.

내 마음의 응급 처치
호흡에 집중해 보기

흡연자들은 '담배를 피우면 마음이 편해진다'고 말합니다. 나도 과거에 담배를 많이 피워 봤기 때문에 그 의미를 잘 알고 있습니다. 그것은 그저 변명이 아니라, 바로 이 호흡과 관련되어 있습니다.

우리는 평소에 심호흡을 거의 하지 않고, 어쩌다 하더라도 의식하지 못합니다. 하지만 흡연자는 하루에도 몇 번이고 담배를 피울 때마다 심호흡을 합니다. 물론 니코틴 효과도 있겠지만, 담배의 진정 효과는 이 심호흡 효과라고 생각합니다.

자신의 몸과 마음이 지쳤을 때, 주변에 좋지 않은 일이 일어났을 때는 크게 심호흡을 한번 해 보세요. 자신의 숨에, 자신의 마음에 의식을 집중해 보세요. 그것만으로도 무언가 변화가 생길 수 있습니다.

자신의 숨에 집중하는 것, 세상에서 가장 간단한 셀프 테라피입니다.

○ 자신의 마음에 소홀하면 주변 사람도 자신의 마음을 함부로 대한다. 그러므로 우선 자신의 마음을 소중하게 다루자.

○ 정말로 괴로울 때, 힘들 때는 다른 사람에게 등을 맡기고 진심을 털어놓자. 그리고 마지막에는 웃어 보자.

○ '괜찮아'라는 말로 마음의 벽을 만들지 않는다. 자신의 과거를 묻어 버리지 않는다. 그러면 성장이 멈추게 된다.

○ '알고 있어'라는 말로 다른 사람에게 배울 수 있는 기회를 차단하지 않는다.

○ 때로는 누가 무슨 말을 해도 내가 '알 바 아니다'라며 강한 자세를 취해 본다.

○ '숨'에 눈을 돌리는 것은 '자신의 마음'에 눈을 돌리는 것이다. 괴로울 때, 힘이 들 때는 자신의 호흡에 의식을 집중하기만 해도 마음이 차분해진다.

어떻게
지금 바로
상황을 바꿀까?

내 삶에 변화를 일으키는 법

심리 상담사가 된 이후 이메일 매거진을 발행하고 있습니다.

제목은 〈한마디의 말로 당신의 성격을 바꿀 수 있다〉입니다.

그렇습니다. 나도 그동안 심리 상담을 하고 이렇게 책까지 출간하면서

단 한마디 말로도 한 사람의 고민과 성격이 바뀔 수 있다는 사실을

깨달았습니다. 거짓이 아닙니다. 과장된 이야기도 아닙니다.

단 '한마디'일지라도 말에는 힘이 있습니다.

6장에서는 그 '한마디 말'의 힘을 소개해 드리겠습니다.

약해지지 않는 마음을 만들기 위한 단 한마디의 말이

여러분 가슴에 새겨진다면 더할 나위 없이 기쁠 것입니다.

○

용서하고 상황을
받아들이게 하는 말,
"아, 그렇군요"

"이렇게 중요한 회의에 신입이 지각을 해? 용서할 수 없어."

"말도 안 되는 지시만 하고, 자기 일도 부하에게 떠넘기는 상사는 인정할 수 없어."

싫어하는 사람, 대하기 힘든 사람뿐만 아니라 평소 잘 지내는 상사, 후배, 동료, 거래처 직원, 가족이라 해도 그 사람의 어느 한 부분만은 받아들이기 어려울 때가 종종 있습니다. 사람에게는 좋은 면도 있고 나쁜 면도 있기 마련이므로 어떻게 할 수 있는 일이 아니라는 사실은 잘 알고 있습니다. 그것을 알고는 있지만, 받아들이기는 역시 쉽지 않습니다. 타인의 단점을 받아들이고 용서한다는 것은 매우 어려운 일입니다.

내게도 이 과정은 매우 힘들었습니다. 그런데 긴자 마루칸의 창업자인 사이토 히토리 씨가 던진 한마디를 계기로 지금은 상당히 나아졌습니다. 정말이지 단 한마디였습니다. 그 한마디는,

"아, 그렇군요. 알겠습니다."

이 한마디 말이었습니다.

'아, 그렇군요', '네, 알겠습니다'라는 말은 '당신이 말하는 것을 이해합니다'라는 뜻이 아닙니다. 상대의 말에 찬성한다는 뜻도 아닙니다. 그것은 '어쩔 수 없지', '그러는 게 무리도 아니야'라는 의미의 말입니다.

예를 들어, "왜 이런 일을 저질렀지?", "이쯤에서 그만 자백하지!"라고 추궁해 봐야 범죄자는 좀처럼 입을 열지 않습니다. 범죄를 저지른 사람에게 부모님도 선생님도 늘 화를 냈습

니다. 어려서부터 자신에게 화내는 모습을 계속 보아 왔기 때문에 어느 새 그 모습이 익숙해져 있습니다. 옆에서 화를 내는 정도로는 눈 하나 꿈쩍하지 않습니다.

그런 범죄자에게 다음과 같이 말한다면 어떻게 될까요?

"그렇군. 자네가 무슨 말을 하는지 알겠어. 자네 같은 인생을 살았다면 그렇게 말하는 것도 무리가 아니지."

"그렇군. 알겠네. 자네는 나면서부터 나쁜 사람은 아닌 것 같군. 나도 범죄자를 쭉 지켜본 사람이야. 나면서부터 나쁜 사람인지 아닌지 정도는 알 수 있다고."

이렇게 수사관이 범죄자의 이야기를 진지하게 들어 준다고 가정하겠습니다. 그러면 범죄자도 '어차피 털어놓을 바에야 이 사람이 좋겠군' 하고 생각합니다. 범죄자조차 이럴진대, 하물며 범죄를 저지르지 않은 사람은 어떻겠습니까?

상황을 극적으로 바꾸는 수용의 힘

상대방이 나쁜 생각을 전혀 하지 않는다고 말하는 것이 아닙니다. 다소 정도의 차이는 있지만 사람은 누구나 '나는 옳다'고 믿고 싶어 합니다. 그리고 그것을 알아주길 바라며 노력합니다. 따라서 이런 경우에는 앞서 소개한 대로 "아, 그렇군요", "아, 그렇게 생각하는군요"라는 말 한마디를 건넵니다. '어쩔 수 없지요', '무리도 아니에요'라는 의미에서요.

후배가 중요한 회의에 지각하더라도 '어제 과음한 탓도 있겠지. 일하다 보면 예기치 못한 일도 생길 수 있는 법이지'라는 의미로 "아, 그렇군" 하고 한마디 해 보십시오.

무리한 요구를 하거나 일을 떠넘기는 상사에게도 "아, 그렇군요"라고 한마디 해 보세요. '그렇군요. 바쁘기도 하고, 업무 중압감도 있고 해서 그런 것이군요'라는 의미로 "아, 그렇군요"라고 해 보는 것입니다.

사람은 자신의 가치관을 기준으로 눈앞의 일과 사람이 좋은지 나쁜지 판단합니다. 하지만 그 사람도 '그렇게' 할 때는 '그렇게' 할 만한 '사정'이 있습니다. 모두가 잘되라는 생각으로 하는 것입니다. 그러니 이 모든 의미를 하나로 뭉뚱그려서 "아, 그렇군요" 하고 받아들이면 됩니다.

이제부터라도 회사나 가정에서 누군가 용서하기 힘든 일을 저질렀다고 생각될 때 "아, 그렇군요"라는 한마디로 받아들여 보면 어떨까요? 분명 무언가 변화가 일어날 것입니다.

자, 이제 타인을 용서하고 상황을 받아들이게 해 주는 마법 같은 말, '아, 그렇군요'를 자신에게 하면 어떤 일이 일어날까요? 이 역시 심리 상담을 할 때 많이 권하는 방법입니다.

누구나 살다 보면 간혹 자신을 용서할 수 없을 때가 있기 마련입니다. 같은 실수를 반복했을 때, 중요한 일인데 미적거리며 뒤로 미뤄 놨다가 늦어 버렸을 때, 초조한 마음으로 상대방에게 털어놓았는데 막상 상대방에게 "아! 낭패군"이란 말을 들었을 때 등등이 그렇습니다.

이런 경우에는 자신에게도 "그렇군" 하고 말해 보세요. 나라고 완벽한 사람일 리 없으니 쓸데없는 일을 하거나 '내가 왜 그렇게 행동했을까?' 하고 머리를 쥐어뜯게 될 때가 있습니다. 그럴 때, '아, 그렇군. 나는 그런 사람이야'라고 자신에게 말하는 것입니다.

좋고 나쁨을 재단하기에 앞서 우선 '그렇군', '저질러 버리고 말았네' 하고 받아들여 보세요. '후배에게 화내지 말자'고 막 마음먹었는데 결국 화를 내고 말았을 때, '그렇군. 도저히 용서할 수가 없었나 보군' 하고 스스로에게 말하는 것만으로도 마음이 한결 가벼워집니다.

이것은 어떤 의미에서는 '수용'이라고도 할 수 있습니다. 인생은 이 수용이 중요합니다. '그렇군' 하고 담담히 받아들이는 것, 바로, 닫혀 있던 마음을 오픈하는 것입니다.

괴로울 때, 힘이 들 때, 끝도 없이 기분이 가라앉을 때 자신에게 '그렇군'이라고 속삭이면서 마음을 활짝 여세요. 자신의 잘못을 감추지 말고 온전히 내보이세요.

"그렇군."

타인에게도 자신에게도 이 한마디를 해 보세요. '그렇군, 망쳐 버렸네!', '자, 다음에는 분발하자' 하고 말입니다.

상대의 비판이나 비난에
대처하는 말,
"오, 그래?"

직장에서 일을 하거나 여러 인간관계를 겪다 보면, 누군가에게 '부정당했다!', '바보 취급당했다!', '비판받았다!'고 느끼는 경우가 있습니다.

예를 들어, 모처럼 읽은 책이 재미가 있어서 동료에게 책을 추천하며 칭찬을 했습니다. 그런데 동료의 무덤덤한 반응에 실망을 하고 맙니다.

"최근에 책을 한 권 읽었는데, 아주 훌륭해. 정말 공부가 많이 되었어."

"그래? 그 책 내용을 잘 뜯어보면 일반적인 이야기에 지나지 않던데."

혹은 도움이 될까 싶어서 후배에게 조언을 했는데, 감사해하기는커녕 다음과 같이 반응하는 후배의 태도에 마음이 상하기도 합니다.

"저는 그 방법이 어려워서 조금 다른 방법을 생각해 보았습니다."

이런 경우도 있습니다. "부장님은 세심하지가 않으셔서 다른 사람의 기분을 이해하지 못하시는 것 같아"라고 가볍게 불평했는데, 아무도 동조해 주지 않는 경우입니다.

"아니, 그렇게 보여도 꽤 섬세한 면이 있으셔. 사람에 따라 다르게 보일 수도 있는 거야."

이런 경우, 사람들은 대부분 자신이 '부정당했다', '바보 취급

당했다', '비판받았다'고 생각하는 경향이 있습니다. 그러고는 화를 내거나 침울해 하거나 슬퍼하기도 합니다. 예전의 나도 그랬습니다.

하지만 그건 자신이 부정당했다고 멋대로 생각하는 것뿐입니다. 그 사람은 자신의 의견, 자신의 감상을 말한 것에 지나지 않습니다. 그 사람은 자신의 정당성을 주장한 것입니다. 그런데도 그것을 나쁜 쪽으로 해석하여 멋대로 반응한 것은 자신입니다.

나는 오랜 세월 이런 사실을 알지 못했을 뿐만 아니라 필사적으로 저항하고 반론하려 했습니다. 하지만 자기 정당화, 자기변호일 뿐이었습니다. 따라서 이런 경우는 대개 자신도 평소처럼 자신의 의견을 말하면 됩니다. "그래? 나는 이렇게 생각해!"라고 평상시처럼 말입니다.

비난에 화를 내면
질 뿐이다

그런데 사람은 어째서 타인의 의견이나 주장을 멋대로 비난 혹은 비판으로 받아들여 화내고 상처를 입는 것일까요? 바로 자신이 그 부분에 열등감을 가지고 있기 때문입니다. 보이고 싶지 않은 상처가 있기 때문이며, 자신감이 없기 때문입니다.

그렇습니다. 자신의 의견이나 주장에 열등감을 가지고 있는 것입니다. 자기 자신에게 자신감이 있는 사람은 누군가에게 비판을 받아도 "오, 그래?"라고 말하며 웃고 흘려버립니다.

따라서 이제부터는 내가 누군가에게 '부정당했다', '바보 취급 당했다', '비판받았다'고 생각될 때는 먼저 "오, 그래?"라고 혼잣말을 해 보세요. 화를 내기 전에, 상처 입기 전에 "오, 그래?"라고 말하는 것입니다.

"하면 안 돼"의
저주를 푸는 말,
"해도 괜찮아"

무척 서툴기는 하지만, 나도 가끔은 골프를 칩니다. 골프 코스에는 다양한 장애물이 있습니다. 나무숲이나 풀숲, 모래 벙커, 연못 등이 그런 장애물들입니다. 장애물이 나타나면 옆에서 캐디가 조언해 줍니다.

"공이 오른쪽에 있는 숲으로 들어가면 찾기 어려우니 그쪽으로는 치지 마세요."

나는 알겠다고 캐디에게 대답을 하고, 공이 오른쪽으로 가지 않도록 왼쪽으로 자세를 잡습니다.

'오른쪽으로 가지 않게. 오른쪽으로 가지 않게. 오른쪽으로 가지 않게.'

주문을 외듯 마음속으로 몇 번이고 되새기며 힘껏 채를 휘두릅니다. 그런데 무슨 이유에선지 공은 꼭 오른쪽으로 날아갑니다. 그렇게 신경 써서 왼쪽으로 자세를 잡았는데도 말입니다.

일이 잘못돼도
괜찮다

사람의 마음은 이와 유사합니다. 사람은 '~하면 안 돼'라고 생각할수록 그렇게 하게 되는 경향이 있습니다. 그리고 우리는 일상에서 수많은 '~하면 안 돼'를 만들며 살아가고 있습니다. '믿음직스럽지 않으면 안 돼', '화내면 안 돼', '부모님처럼 살면 안 돼', '다른 사람에게 폐를 끼쳐서는 안 돼', '회사를 도산시키면 안 돼', '실패하면 안 돼' 등등.

이처럼 '해서는 안 되는 것'을 마음속으로라도 읊조리면 왠지 가서는 안 되는 쪽으로 가게 됩니다. 잘못된 방향으로 나아갑니다. 결코 하면 안 되는 쪽으로 나아갑니다. 무언가 심술을 부리기라도 하는 것일까요?

따라서 일단은 자신에게 "가도 좋아", "해도 괜찮아"라고 말해 봅시다.

"나는 미덥지 못해도 괜찮아."

"나는 화내도 괜찮아."

"나는 부모님처럼 살아도 괜찮아."

"나는 신세를 져도 괜찮아."

"나는 회사를 도산시켜도 괜찮아."

"나는 행복하지 않아도 괜찮아."

'안 된다'는 무언가를 두려워하는 것입니다. 그렇게 행동하면, 그것을 용인하면, 무언가 무서운 일이 일어날 것이라고 생각하는 것입니다.

괜찮습니다. 그것은 거짓말입니다. 그것은 단순한 생각에 지나지 않습니다. 무언가 무서운 일이 일어날 것이라고 주입받았을 뿐입니다. 그렇게 배웠기 때문에 그런 일들만 경험해 온 것입니다.

하면 안 된다고 생각했던 일들을 하고도 즐겁게 살아가는 사람이 분명히 있습니다. 그러므로 여러분도 "나는 ~해도 괜찮아"라고 말하세요.

"나는 연못에 공을 빠뜨려도 괜찮아."

실제로 공이 연못에 풍덩 빠질 수도 있습니다. 하지만 괜찮습니다. 때로는 생각처럼 잘 안될 때도 있는 거니까요.

근심을
한방에 날려 버리는 말,
"뭐, 어때"

　누구에게나 마음속에는 도저히 용납할 수 없는 것, 아무리 해도 떨쳐 버리기 힘들고 집착하게 되는 것이 있습니다. 그리고 자신의 실패나 환경을 저주하면서 좀처럼 생각대로 되지 않아 비관하거나 피해 의식을 갖고는 합니다.

　여기에 그런 고민을 한순간에 날려 버릴 수 있는 마법의 말이 있습니다.

　나는 심리 상담을 하면서 '아, 이 사람은 이제 괜찮다'고 생각하는 순간이 있습니다. 그리고 '과거에 집착하지 않는다', '혼자만의 사고에서 벗어났다', '고민이 더 이상 고민이 아니다', '고민이 해결되었다'고 느끼는 순간에 공통적으로 사용하는 말이 있음을 깨달았습니다.

그 말이 무엇일까요? 바로 이 한마디입니다.

"뭐, 어때."

네, 아주 간단하지요? '뭐, 어때'는 무엇인가에 대한 여러분의 집착을 날려 주는 마법의 언어입니다.

내가 괜찮아질 때까지,
'뭐, 어때!'

지금 현재 여러 가지 일로 고민하는 사람이 앞으로 "뭐, 어때"라는 말을 버릇처럼 한다면 어떻게 될까요?

화가 났을 때, 포기할 수 없을 때, 실패했을 때, 나쁜 일이 일어났을 때마다 고개를 숙이고 내뱉듯이 말해도 좋고 하늘을 보며 크게 소리쳐도 좋습니다.

실제로는 괜찮다고 생각하지 않아도 좋으니까, 일단 말해 보세요. "뭐, 어때"라고 입 밖으로 소리를 내서 말해 보세요.

큰 실패도, 용서할 수 없는 실수도 마찬가지입니다. 되돌릴 수 없는 실수에도, 속이 뒤집히는 일에도, 이 세상이 끝나 버릴 것만 같은 절망에도, 무엇 하나 잘되는 일이 없는 자신에게도 "뭐 어때"라고 말하는 것입니다.

100가지면 100가지 모두에 "뭐, 어때"라고 말해 보는 것입니다. 한 번 해서 별다른 느낌이 들지 않는다면 두 번, 세 번 소리를 내서 말해 보세요.

자, 지금 한번 말해 보세요.

"뭐, 어때."

엄청난 사건이 벌어졌을 때, 그것도 바로 눈앞에서 일어났을 때, 단지 작은 목소리로 "뭐, 어때"라고 말해 보세요.

그래도 불안한 마음이 사라지지 않을 때는 조금 더 크게,

"뭐, 어때!"

그래도 불안한 마음이 사라지지 않을 때는 양쪽 무릎에 손을 얹고 토해 내듯이,

"뭐! 어때!"

이렇게 단계적으로 모두 쏟아 냅니다. 그리고 다시 한번 가
볍게 "뭐, 어때" 합니다.

또 하나의 실천법이 있습니다. 그것은 상체를 젖히고 하늘을
향해 기지개를 켜듯이 하면서 "뭐, 어때" 하고 말하는 것입니
다. 어쩌면 이것이 더 적극적인 방법일 수도 있습니다.

지금 당장
행복을 부르는 말,
"나는 행복하다"

우리는 살아가면서 항상 변화를 추구합니다. '성장하고 싶다', '성격을 바꾸고 싶다', '배우고 싶다' 같은 생각들을 하는 이유입니다. 그런데 이런 생각들을 행동으로 옮기기 전에 우선 자신에게 이런 질문을 해 보세요.

"현재에 불만이 있어서 변화를 원하는 것인가?"

"지금은 지금대로 좋지만, 좀 더 성장하고 싶은 것인가?"

이 생각의 차이에 따라 얻을 수 있는 결과가 완전히 달라집니다.

예를 들어, 지금 있는 장소, 환경, 직장, 인간관계 등 현실에 불만이 있어 변화를 원하는 사람이 있습니다. 그 사람의 머릿속은 '이대로는 안 돼'라는 생각으로 가득 차 있습니다. 다시 말해, 현재 상황을 부정하는 것입니다.

문제는 이처럼 현실을 부정하고 환경을 바꾸거나 다른 일을 시작하더라도 이런 사람은 곧바로 불만을 토로하기 마련이라는 점입니다. 그 이유는 현실을 부정하는 사고방식을 지니고 있기 때문입니다. 이 습관 자체를 버리지 못하면 아무리 훌륭한 직장이나 환경이 주어져도 이내 흠을 잡기 시작합니다.

반대로 같은 직장, 같은 환경에서도 기분 좋게 살아가는 사람이 있습니다. 현실을 긍정하는 사고방식을 지닌 사람입니다. 어떤 상황, 어떤 조건에서도 현실을 긍정한다면 현재 놓인 환경에서도 행복을 느끼고, 다른 환경에서도 계속 행복을 느낄 수 있습니다.

따라서 '현실을 부정하는 사고방식'을 가진 사람은 항상 '다른 사람들이 자신의 험담을 한다', '자신을 미워한다', '비웃는다', '바보 취급한다', '책망한다', '자신이 견디기에는 너무나 엄청난 일이다', '가치가 없다', '자신에게 도움이 안 된다' 등등 자신이 불행하다는 것을 확인해 줄 증거를 끌어모읍니다.

한편 '현실을 긍정하는 사고방식'의 소유자, 즉 자신이 행복하며 복이 많다고 생각하는 사람은 그것을 증명하는 증거들이 시야에 들어옵니다. '사람들이 호의를 가지고 대해 준다', '자신은 사랑받고 있다', '도움을 받고 있다', '자신을 응원해 준다' 등 온통 긍정적인 신호들만 접수됩니다.

나는 지금 의외로
행복할 수도 있다

그렇습니다. 무엇을 생각하고 있는가에 따라 시야에 들어오는 것이 다릅니다.

자신이 미움을 받고 있다고 생각하는 사람은 주변의 100명 중 98명이 응원을 해도 깨닫지 못합니다. 그리고 응원해 주지 않는 2명이 있다는 현실을 계속 비관합니다. 자신이 행복하다고 생각하는 사람은 98명에게 감사의 마음을 갖습니다. 요컨대 자신이 '지금도 행복하다'고 생각하면 되는 것입니다.

"나는 행복하다."
"지금은 지금대로 행복하다."

이렇게 생각해 보세요. 그렇다고 손해 볼 일도 없으니까요. 일단은 이렇게 현실을 긍정하는 사고방식을 들이는 것입니다. 그러면 이상하게도 '어, 나는 의외로 행복한 사람이 아닐까?' 하고 생각하게 하는 증거가 모여들기 시작합니다. 속는 셈 치고 시도해 보세요.

"현실을 보면 도저히 그렇게 생각할 수가 없습니다."

이렇게 말하는 사람은 부정적인 사고방식을 가진 사람입니다. 지금 행복하다고 생각할 수 없는 것은 행복하다고 생각할 수 없는 경험을 해 왔기 때문이라고 여깁니다. 하지만 사실 행복하다고 생각할 수 없는 경험만을 해 온 것은 '행복하지 않다'고 생각하는 버릇 탓입니다. 반복해 말하지만, 행복하지 않다고 생각하면 그것을 증명하는 일들만 일어납니다. 행복하지 않다는 생각이 선행되었기 때문입니다.

생각이 먼저이고 현실이 나중입니다. 그러므로 지금 무리를 해서라도 '나는 행복하다', '지금은 지금대로 행복하다'고 생각해 보세요. 그러면 변화가 시작됩니다. 그러면 '행복해요', '복이 많아요'를 증명할 증거(현실)를 수집하게 됩니다.

이처럼 생각은 매우 중요합니다. 단, 사람에 따라서는 '나는 행복하다'고 생각하는 것이 어려울 수도 있습니다. 그때는 '그럴 수도 있어'를 사용해 보십시오.

"나는 행복할 수도 있어."
"지금은 지금대로 행복할 수도 있어."
"사실 나는 복이 많을 수도 있어."

다시 말해 '지금이 불행하다'는 것을 의심해 보세요.
그리고 '나는 행복할 수도 있어'라고 생각해 보세요.

○ 일단 '어쩔 수 없다', '그러는 게 무리도 아니지'라는 의미에서
   상대의 말을 "아, 그렇군요" 하고 받아들인다. 스스로를 용서
   할 수 없을 때는 자신에게도 "아, 그렇군" 하고 말한다.

○ 누군가 나를 비판하거나 비난할 때는 화를 내거나 상처를 받
   기 전에 "오, 그래?" 하고 중얼거려 본다.

○ 큰 실패, 고민, 분노, 도저히 용서할 수 없는 일, 이 세상이 끝
   나 버릴 것 같은 절망에도 "뭐, 어때"라고 말해 본다.

○ "해도 괜찮아"라고 자신에게 말하면서 스스로를 허락한다.

○ "지금은 지금으로 행복해"라고 말함으로써 일단 현실을 긍정
   한다. 그러면 행복을 찾는 습관이 길러진다.

7장

어떻게
지치지 않고
행복하게 살까?

언제나 빛나게 살아가는 법

지금까지 '약해지지 않는 마음'을 만들기 위한

간단한 습관들을 소개했습니다. 어떠했습니까?

인생을 살다 보면 다소 괴로운 일, 돌발적인 사건과 상황에

마음이 완전히 소모될 때가 있습니다.

그때는 그 사실을 깨닫고 마음을 채워 주십시오.

그렇게 하면 마음은 소모된 상태로 있지 않고

다시 원래대로 돌아옵니다. 마음이 소모되지 않도록

매일 조금만 주의를 기울이면 마음이 채워집니다.

자신의 소리를 듣고, 자신을 소중히 하며,

자기 안에 든든한 자신감을 기르세요.

마지막 장에서는 바로 그 실천법을 소개합니다.

남의 '정답'을
훔쳐보려
애쓰지 않기

내게는 아주 절친하게 지내는 서예가 한 분이 있습니다. 멋진 작업 활동으로 많은 작품을 남기고 있는 다케다 소운 씨입니다.

하루는 소운 씨가 TV 프로그램에서 나의 책을 추천 도서로 소개했습니다. 그는 이 책에서 가슴에 남는 구절이 있다며, '정답이 무엇일까?'에 집착하지 말라고 한 내용 중에서 구절 하나를 꼽아 소개했습니다. 이러한 내용이었습니다.

인생에는 산만큼 많은 선택지가 있습니다. 그것을 앞에 두고 '무엇이 정답일까?' 하고 고민하는 경우가 많습니다. (중략)

어느 것이 정답인지는 전혀 알 수 없습니다. 100개의 답 중 정답이 한 개일 리 없습니다. 그러므로 '정답'에 집착하는 것은 너무나 안타까운 일입니다.

인생은 정답을 맞히는 게임이 아니다

'정답에 집착하지 않는 것'은 '약해지지 않는 마음'을 만드는 데 매우 중요합니다. 마음이 쉽게 소모되는 사람은 '정답', '어느 것이 맞을까?', '무엇이 틀린 답일까?'에 집착합니다. 과거의 일을 후회하곤 합니다.

"후배에게 그런 식으로 화를 내지 말았어야 했는데."
"상사에게 좀 더 강하게 말했으면 좋았을 텐데."
"그녀는 어떻게 좋은 면만 지니고 있지? 나도 그녀처럼 되고 싶어."

이렇게 자신의 행동을 후회하거나 여러 선택 사항을 오가며

갈팡질팡합니다. 자신이 하고 싶은 일이나 좋아하는 것보다 주변 사람이 옳다고 말하고 인정해 주는 일, 즉 타인의 정답에 집착합니다.

그렇게만 살아온 자신에게 이제는 '그것도 나의 일부야', '그때는 그렇게 하고 싶었지', '그렇게밖에 할 수 없었어', '그래서 무서웠지'라고 말해 주세요.

과거를 회상하며 '저렇게 하면 좋았을걸', '이렇게 하면 좋았을걸' 하고 괴로워하고 후회했다면, 그다음에는 지치고 피곤한 자신을 용서해 주세요. 그렇게 하려면 먼저 '무서웠어', '해내지 못했어' 하고 자신의 잘못을 받아들여야 합니다.

정답에 집착하지 않는 것, 정답에 휘둘린 과거의 자신을 용서하는 것이 마음을 소모시키지 않기 위해 가져야 할 중요한 습관입니다.

상대를 인정하기 어렵다면 무시만은 하지 않기

일이 순조롭게 진행되지 않을 때 '어째서 생각대로 되지 않지?' 하고 눈앞의 현실을 부정합니다. 인간관계가 잘 되지 않을 때는 '어째서 생각대로 움직여 주지 않을까?' 하고 상대를 부정합니다. 어떤 상황이나 상대를 '부정'하는 것은 '내가 옳다', '내 쪽이 옳아'라고 생각하는 것입니다.

"당신은 틀렸어. 내가 옳아."

"내가 옳아. 틀린 건 당신이야."

이런 사고방식이 문제를 만들고, 모든 다툼은 바로 여기서 시작됩니다. 요컨대 사고방식과 견해의 차이에서 문제가 시작되는 것입니다.

그저 바라만 봐도
상대는 인정받는다고 느낀다

나쁜 일이 있거나 인간관계가 잘 풀리지 않을 때는 상대와 현실을 부정하기보다는 먼저 인정해 보세요.

그렇더라도 일이 잘 풀리지 않는데, 사고방식이 다른데, "인정하겠다"고 솔직하게 말할 수 없을 것입니다. 하지만 꼭 말로하지 않아도 괜찮습니다.

실제로 '인정하다' 할 때의 '인'은 한자로 '認'이라고 씁니다. '言'과 '忍'으로 이루어져 있는 것을 알 수 있습니다. 바로 '말하기를 참는 것'입니다.

다시 말해, 말하지 않아도 괜찮습니다. '인정해요'라는 말을 일부러 말하지 않아도, 일부러 무리하게 긍정하지 않아도 괜찮습니다. 다만, 그곳에 있으세요. 그저, 그곳에 있으세요. 아무 말 없이 보기만 해도 좋습니다. "그렇군" 하고 말이지요.

심리학의 교류 분석 이론에 스트로크(stroke)라는 개념이 있습니다. 쉽게 말하면 '타인과의 교류'입니다. 야구에서 공을 주고받는 것처럼 사람은 타인과의 교류를 통해 자신의 존재를 확인합니다. 눈빛을 주고받으며 말을 하거나 접촉하는 행위를 통해 스스로를 느낍니다.

바꿔 말하면, 이러한 교류가 이루어지지 않으면 사람은 존재를 부정당한 것으로 느끼게 됩니다. '내 이야기를 들어 주지 않는다', '나의 존재를 봐 주지 않는다', '말을 할 수 없다', '만질 수 없다'고 느끼게 됩니다. 다시 말해, '무시'가 가장 괴로운 것입니다.

가족에게도, 친구에게도 항상 긍정만 할 수는 없습니다. 가장 가까운 사람에게도 긍정할 수 없는 것이 많습니다. 특히 자신이 싫어하는 것은 좀처럼 긍정하지 못합니다. 그래도 괜찮습니다. 그저 '무시하지 않는다'는 것만으로 충분합니다.

아무 말 하지 않아도 괜찮습니다. 그저, 보는 것으로 충분합니다. 말을 삼키고 바라보기만 해도 됩니다. 굳이 칭찬(긍정)하려 하지 않아도 좋습니다. 다만 보는 것만으로 좋습니다.

'긍정하지 않아도 좋다.'

'좋아하지 않아도 좋다.'

'바꾸려 하지 않아도 좋다.'

'그저 그곳에 있다.'

이 정도로도 상대의 존재를 확인해 주는 것입니다. 이것만으로도 상대를 인정하는 것입니다.

그저 바라보면, 인정하면 됩니다.

어제
무슨 일을 했는지
떠올려 보기

자신을 좋아하고 인정하려면 어떻게 해야 할까요? 내가 세미나에서 자주 권하는 방법을 소개해 보겠습니다. 바로 '내가 어제 한 일은 무엇인가?' 하고 자신에게 질문하는 방법입니다. 스스로에게 자신감이 없는 사람, 자신을 싫어하는 사람은 이렇게 말합니다.

"한 일이 없습니다."

네, 물론 그렇게 생각될 수도 있습니다. 하지만 잠시 생각해 보세요. 이 책을 읽고 있는 지금 이 시점에서 어제 무슨 일을 했었는지 떠올려 보세요.

"어제 아침에 일어났습니까?"
"회사에 나갔습니까?"
"어떤 책을 읽었습니까?"
"밥을 먹었습니까?"
"웃었습니까?"
"하루를 살았습니까?"

이상의 질문 가운데서 한 가지라도 '네'라고 대답할 만한 것이 있었나요? 분명히 있었을 것입니다. 그것이 자신이 한 일입니다.

무기력한 일상에서도
나는 많은 일을 한다

매우 평범한 일상이지만, 사실 그 안은 많은 일로 채워져 있습니다. '한 일이 없다'고 생각하지만, 사실 '한 일'이 잠자고 있는 것일 뿐입니다.

자신을 소모해 가며 열심히 살고 있는 사람들 가운데는 '한 일이 없다'며 자신감을 잃어버린 사람도 있습니다.

그럴 때는 '한 일'을 헤아려 보세요. 평범한 일상 속에서 '한 일'을 꼽아 보는 것입니다. 이것만으로도 약해진 마음이 조금 씩 회복될 것입니다.

아무리 사소한 배움도
소중히 생각하고
실천해 보기

마음이 지치고 삭막해지면 어느새 새로운 것, 자신과는 다른 것, 이질적인 것을 밀어냅니다. 혹은 도움이 되지 않거나 손해를 보게 될 것이라는 일을 피하려 합니다.

기껏 세미나나 강연회에 참가해 열심히 강연을 들어 놓고도 '이번에는 얻은 게 없네', '시간만 허비했어'라고 생각하는 사람이 적지 않습니다. 그렇더라도 지금까지 받아 온 '배움이 부족하다'는 느낌까지 부정하지는 않도록 합시다. 그것마저 부정하면 달라질 수도, 성장할 수도 없습니다.

나도 스스로 배움을 시작한 다음부터 꾸준히 하고 있는 것이 있습니다. 배운 책, 세미나, 교재 속에서 '이것을 해 볼까?' 하고 생각한 항목을 골라내 '할 일 목록'을 작성하는 것입니다. 그것은 세미나를 할 때마다 적습니다. 예를 들면,

- 선풍기를 판다.
- 목표를 생각하는 시간을 갖는다.
- 새로운 통장을 만든다.
- ○○에게 상담 이메일을 보낸다.
- 단편 소설 무료 감상문을 작성한다.

이것들은 모두 책이나 세미나, 교재를 통해 배운 것들 중에서 한번 시도해 보려고 생각한 사고방식, 아이디어, 습관 같은 것들입니다. 이것을 '할 일 목록'으로 만들어 두는 것입니다. 그런 다음에는 완료했거나 습관으로 만든 항목은 목록에서 차례로 지워 나갑니다. 최종적으로는 모두 지우게 됩니다.

이 방법은 일을 지나치게 많이 끌어안고 지내던 시절, 의도치 않게 고안해 낸 나만의 방식입니다.

자신의 경험을
소중히 하라

책과 세미나, 교재를 포함해 자신의 과거, 선택한 행동, 교육, 환경 등을 부정하지 않는 태도가 매우 중요합니다. 어떤 경험도 자신의 경험입니다. '배울 게 없다', '시간만 낭비했다'는 생각으로 그 소중한 경험을 부정하지 마세요.

확실히 세상에는 다양한 사고방식, 아이디어, 습관, 방법 등이 있습니다. 받아들일 수 없는 것도, 용서할 수 없는 것도, 싫어하는 것도 있을 수 있습니다. 하지만 그렇더라도 부정은 하지 말아 주세요.

아, 부정하지 말라는 것도 부정어군요. 반대로 말하면 '받아들인다'가 되겠네요. 그런데 이것은 좀처럼 하기 힘듭니다.

그러면 '부정하지 않는다' 또는 '특별히 받아들인다'고 생각해 보세요. 혹은 그 사건 뒤에 '뭐, 어때?'나 '덕분에'를 붙여 보세요.

자신의 감정에
솔직한 사람은
스스로 빛난다

최근에 문득 이런 생각을 해 보았습니다. 태양은 빛을 발산하는 별이므로, 만약 태양에서 보면 달을 보아도, 화성을 보아도, 혹은 금성이나 토성, 그 어떤 행성을 보아도 빛만 보이지 않을까 하는 생각이었습니다.

이것은 사람에게도 적용해 볼 수 있지 않을까요? 즉 자신이 빛을 발하면 자신의 주변이 모두 빛나 보이지 않을까요?

화성이나 목성처럼 스스로 빛을 내지 못하는 행성은 태양의 빛을 받아야만 빛날 수 있습니다. 누군가로부터 빛을 받아야 빛날 수 있는 것입니다. 그렇다면, 어떻게 하면 태양처럼 자신이 빛날 수 있을까요?

나는 자신이 빛나기 위해 가장 중요한 요소는 '솔직함'이라고 생각합니다. 솔직함이란 비꼬이지 않은, 위축되지 않는, 비하하지 않는 마음입니다. 고집을 부리지 않고, 있는 그대로 받아들일 수 있는 마음을 가진 사람은 솔직한 사람입니다. 나는 근본부터 빛나는 이런 사람들을 '긍정 팀'이라고 부릅니다.

이와는 반대로 비꼬이고 주눅 들고 비하하는 사람들은 '부정 팀'이라고 부릅니다.

비꼬기는 그만두고 있는 그대로 솔직해지기

네, 나도 한때는 부정 팀에 속했었습니다. 부정 팀에 속한 사람은 어려서부터 비꼬는 버릇이 들었을 것이고, 그것은 관심을 얻기 위한 전략이었을 것입니다. 그 전략이 통하지 않으면 좀 더 비꼬기를 반복하게 됩니다.

좀 더 비꼬기 위해서는 자신을 더욱 비관적인 상황으로 몰아가야 합니다. 그리고 그런 자신을 '해야 한다'는 당위성으로 정당화합니다. '해야 한다'는 자신만의 '법률'입니다. 이것을 어기는 사람, 자신의 법률을 깨는 사람과 계속 싸우게 됩니다. 때로는 자신의 규칙을 자신이 어기면 자신과도 싸움을 벌입니다.

'해야 한다'는 사고 뒤편에는 '기대'가 있습니다. 사람은 기대를 배반당하면 슬퍼하거나 분노합니다. 그런 사람은 자기 멋대로 기대하고 자기 멋대로 배반당했다고 생각합니다. 그렇게 하는 사이, 비꼬는 것이 습관이 되어 버리고, 결국 인생이 뒤틀리기 시작합니다.

따라서 비꼬는 전략을 버리고 솔직해지는 것이 중요합니다. 그러면 자신이 빛나게 되고 자신의 주변도 동시에 빛나기 시작합니다. 긍정 팀의 일원이 될 수 있습니다. 지금 부정 팀에 있다고 해도 언제든지 긍정 팀에 들어갈 수 있습니다.

지금 괴로워하고 있는 사람, 지쳐서 파김치가 되어 있는 사람은 우선 비꼬기를 그만두고 솔직해지면 어떨까요? 그것만으로도 주변이 점차 빛나기 시작할 것입니다.

그런데 솔직해진다는 것이 어떤 것인지 잘 모르겠다고요?

'솔직해진다는 것'은 '싫다'라고 정확하게 말하는 것, '하고 싶다'라고 정확하게 말하는 것입니다.

자신감을
갉아먹는
완벽주의 멈추기

'자신감이 없어서 못하겠어요.'

변화하기를 주저하는 사람이 흔히 하는 변명입니다. 변화하기를 원하면서도 시도하기를 두려워하는 사람이 있습니다.

하지만 자신감이 있어서 시도하는 것이 아닙니다. 시도한 결과, 해냈기 때문에 자신감이 조금씩 생기는 것입니다. 자신의 가능성을 믿는 것입니다.

결국, 일단 해 보는 것이 중요합니다. '실패도 경험해 보자', '밑져야 본전이야', '손해 보면 어때?'라는 기분으로 그냥 해 보는 것입니다.

이렇게 이야기하면 또 반드시 돌아오는 말이 있습니다.

"해 보았지만 계속 잘 안되니까 자신감이 없어졌습니다."

네, 그럴 수도 있습니다. 하지만 그 '잘 안된다'는 기준이 지나치게 엄격한 것은 아닐까요?

분명히 잘되고 있는데 만족하지 못하는 것일지도 모릅니다. 분명히 잘된 일도 있는데 '실패한 일'만 손꼽아 세고 있는 것일지도 모릅니다. '좀 더, 좀 더'라는 말만 들어 왔을지도 모르고, '하면 해낼 수 있다'라는 말만 들어 왔을지도 모릅니다. 그리고 '좀 더 기대에 부응하자'고 스스로 생각했을지도 모릅니다.

자신감 따위,
없어도 괜찮다

그래서 '잘 안된다'고 생각하는 지금이 멈출 때일 수도 있습니다. 그만둘 때일지도 모릅니다. '분발'도, '완벽'도, '성실'도,

'기대'도 모두 말입니다.

그러니 안 해도 괜찮습니다. 자신감 따위 없어도 좋습니다. 그럴 때는 '덕분에', '부탁합니다', '도움을 받았습니다', '고맙습니다' 하고 그저 감사하면 됩니다.

우리가 최후에 할 수 있는 것은 '다른 힘'에 대해 감사하는 것입니다. '스스로 하는 것'을 그만두고 '다른 힘'에 의지하고 그저 감사합시다.

약해지지 않는 마음을 위해 필요한 단 한 가지

마음을 소모하지 않기 위해, 약해지지 않는 마음을 기르기 위해 가장 중요한 한 가지, 그것은 바로 분명하게 말하는 것입니다.

하고 싶은 일을 하지 못하고 하고 싶지 않은 일을 할 때 마음이 소모된다고 했습니다. 이것을 바꿔 말하면 하고 싶은 말을 하지 못하고 하고 싶지 않은 말을 할 때 마음이 소모된다고 할 수 있습니다.

'솔직히, 하고 싶지 않아.'

'솔직히, 말하고 싶지 않아.'

'솔직히, 좋아해.'

이처럼 '솔직히'라는 말 뒤에 이어지는 자신의 본심을 숨기고
있지는 않은가요?

'도와주었으면.'

'인정해 주었으면.'

이처럼 진짜로 희망하는 말을 할 수 있는 자신의 솔직한 욕
구를 누르고 있지는 않은가요?

'재미없다고 말하고 싶어.'

'권하고 싶어.'

'먹고 싶어.'

이처럼 하고 싶은 말을 할 수 있는 그대로의 자기 소망을 잊
고 지내지는 않나요?

당신은 매일 속으로 얼마나 많은 말을 꾹 참고 있습니까? 자신의 솔직한 마음을 얼마나 숨기고 있습니까? 말, 감정을 속으로 삼킬 때마다 내 안에서는 인내가 발휘됩니다. 그리고 그 인내가 스트레스를 만듭니다.

하고 싶은 말을 하지 못함 = 인내 = 스트레스

이것이 마음을 소모시키는 원리입니다. 마음이 약해지게 만드는 메커니즘입니다.

나도 지금까지 줄곧 참아 왔습니다. 기분이 나빠도 항상 미소를 짓고, 놀고 싶어도 놀지 못하고, 싫어하는 일도 꾹 참으며 진행했습니다. 하고 싶지 않은 말을 하면서, 그렇게 계속해서 자신에게 거짓말을 하며 살아왔습니다. 그 결과, 마음이 모두 소모되어 버렸습니다.

설사 상대에게 미움을 사도, 상대가 화를 내도, 자신이 바보 취급을 당하더라도 분명하게 말하는 것이 무엇보다 중요합니다. '분명하게 말할 용기'만이 인생을 변화시켜 나갈 수 있습니다.

솔직한 자기 모습이
인생도, 세상도 바꾼다

솔직한 모습이 자기다운 모습입니다. 이제 솔직하게 말하세요. 분명하게 밝히세요. 이렇게 말입니다.

'해 주세요.'
'하지 말아 주세요.'
'하고 싶어요.'
'하고 싶지 않아요.'

자기다운 모습을 보였을 때, 비로소 인정을 받습니다.
자기다운 모습을 보였을 때, 비로소 자연스럽고 매력적으로 보입니다.
자기다운 모습을 보였을 때, 비로소 자신이 받아들여지는 것을 깨닫게 됩니다.

노력에 대해 보상을 받지 못했다면 그 이유는 참기만 할 뿐 하고 싶은 말을 하지 않아서, 하고 싶은 것을 하지 않아서, 하고 싶지 않은 일을 해서입니다. 다른 이유는 없습니다.
그렇습니다. 자신이 자신에게 거짓말을 하고, 자신이 있는 그대로의 자신을 인정하지 않기 때문에 아무도 자신을 인정해 주지 않는 것입니다.

솔직하게 말하는 것은 많은 용기가 필요합니다. 당신은 그동안 솔직하게 말하기를 너무 회피만 해 왔습니다. 이제 용기를 내세요. 솔직하게 말하면 당신이 바뀌고, 당신이 바뀌면 세상이 바뀝니다.

더 강한 나를 만드는
마음 혁명 7

○ 타인이 생각하는 정답에 휘둘리지 말자. 정답이 무엇인지 찾는 데 집착하지 말자.

○ 타인도, 눈앞의 현실도 부정하지 않는다. 그저 현실을 직시하며 말없이 인정하는 것으로 충분하다.

○ 평범한 일상 속에서 '한 일'을 꼽아 보면 마음이 채워진다.

○ 비꼬인 자신을 버리고 솔직해지는 것이 중요하다.

○ 하고 싶은 말을 하지 않기 때문에 마음이 소모된다. 자신의 생각을 정확하게 말하는 것이 중요하다. 그것이 인생을 변화시킨다.

하고 싶지 않은 일을
단호하게
그만두는 삶

마음이 소모되면 밑바닥까지 모두 텅 비어 버리기 때문에 마음은 비쩍 말라 힘을 낼 수 없습니다. 자신의 몸을 깎아 자신 이외의 사람을 위해 노력해 왔기 때문에 그만큼 마음은 피폐해진 것입니다.

반대로 마음이 약해지지 않는 사람은 타인을 위해서도 분발하고 자신을 위해서도 노력합니다. 좋아하는 일에 시간을 할애합니다. 그러기 위해서는 다른 사람에게 다소 폐를 끼치게 되더라도 '자신'을 소중히 여길 줄 알아야 합니다.

제멋대로라고 말할지도 모릅니다. 하지만 사실 마음이 쉽게 소모되는 사람은 그런 '제멋대로인 사람'이 말하는 것을 들어주기 때문에, 그런 사람에게 지배당하기 때문에 마음이 바닥나 버리는 것입니다.

"그런데 저는 그런 사람이 된다고 해도 역시 내 마음대로는 못할 것 같아요"라고 말하는 것도 하나의 선택일 수 있습니다. 그리고 그렇게 살아가는 것이 '정말로 하고 싶은 일'이라고 말하는 사람도 분명 있을 것입니다. 그렇게 사는 것이 자신감을 충족시켜 준다면 마음이 소모되는 일도 없겠지요.

하지만 '더 이상 제멋대로인 사람에게 휘둘리고 싶지 않다'면 반드시 '제멋대로' 행동해 보세요. 인생이 달라질 것입니다.

물론 '내 마음대로 말해서는 안 된다'는 '법률'에 지배받으며 살아왔으므로 처음에는 무척 두렵습니다. 하지만 억누르는 마음이 쌓여 몸을 병들게 하고 모든 에너지를 빼앗길 지경이라면, 한번 변화를 시도해 보세요.

사실 마음 내키는 대로 말하면 확실히 주변 사람들에게 폐를 끼치거나 무리한 것을 요구하는 일이 발생하게 됩니다. 하지만 본인은 어떻게 변할까요? 결론부터 말하자면, 겸허해집니다.

의아하겠지만, 실제로는 항상 참기만 하는 사람은 반대로 마음속이 점점 오만해집니다. 항상 참기만 하는 사람은 주변 사람에게 '그렇게까지 했는데' 하면서 받아야 할 '빚'을 염두에 두게 됩니다. 따라서 언젠가 돌려받으려는 생각에 주변 사람이 언제 돌려줄 것인지 계속 체크하게 됩니다.

만약 자신이 은혜를 베풀었는데 상대가 그 빚을 갚지 않는다면 마음속에서 불만이나 조바심이 생깁니다. 당연히 '이자'가 붙으므로 베푼 것 이상으로 대갚음하지 않으면 더욱 불만이 쌓입니다. 점점 오만해집니다.

이제 반대로, 용기를 내어 한번 제멋대로 굴면, 주변 사람에게 신세를 지게 되니 갚아야 할 '빚'이 생기게 됩니다. 이 빚은 점점 많이 쌓여 갑니다. 다른 사람의 도움을 받고, 다른 사람의 응원을 받고, 다른 사람의 인내를 요구하기 때문입니다.

물론 여기에도 이자가 붙습니다. 따라서 무슨 일이라도 생기면 자연스럽게 다른 사람을 도와주고 싶은 마음, 응원하고 싶은 마음, 칭찬하고 싶은 마음, 위로해 주고 싶은 마음이 생깁니다. 받은 것 이상으로 겸허하게 감사의 마음을 담아 갚아 나가고, 그것을 받은 사람이 또 도움을 주게 됩니다. 그러면 다시 돌려주고 싶은 마음이 생깁니다.

이처럼 내 마음이 시키는 대로 살면 행복의 순환이 생기게 됩니다.

다시 한번 말씀드리겠습니다. 마음이 약해지지 않는 삶이란 정확하게 말하고, 꼭 하고 싶은 일을 하며, 분명하게 거절하고, 하고 싶지 않은 일을 단호하게 그만두는 삶입니다.

그렇게 내 마음대로 사는 것,

그것이 자기답게 사는 것,

그것이 자신을 소중히 하는 것,

그것이 사랑받고 도움을 받으며 사는 것,

바로, 서로 사랑하고 나누고 도우면서 함께 사는 삶입니다.

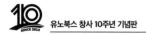 유노북스 창사 10주년 기념판

더 강한 나를 만드는 마음 혁명

약해지지 않는 마음

인쇄일 2024년 7월 3일
발행일 2024년 7월 10일

지은이 고코로야 진노스케
옮긴이 이진원
감수 박용철

펴낸이 유경민 노종한
기획편집 유노북스 이현정 조혜진 권혜지 정현석 **유노라이프** 권순범 구혜진 **유노책주** 김세민 이지윤
기획마케팅 1팀 우현권 이상운 **2팀** 이선영 김승혜 최예은
디자인 남다희 홍진기 허정수
기획관리 차은영
펴낸곳 유노콘텐츠그룹 주식회사
법인등록번호 110111-8138128
주소 서울시 마포구 월드컵로20길 5, 4층
전화 02-323-7763 **팩스** 02-323-7764 **이메일** info@uknowbooks.com

ISBN 979-11-7183-037-4 (03180)

• ― 책값은 책 뒤표지에 있습니다.
• ― 잘못된 책은 구입한 곳에서 환불 또는 교환하실 수 있습니다.
• ― 유노북스, 유노라이프, 유노책주는 유노콘텐츠그룹 주식회사의 출판 브랜드입니다.